01

「入ってみたい」外観に、
予算を集中投資

（炭屋串兵衛）

After

Before

02

以前の店舗が同業の焼肉店で、
使える設備が多かったことが
物件選定の決め手となった

（炭火焼肉いちけん）

After

Before

03

残されたエアコンなどの設備機器、トイレ部分はそのまま使用。
屋上にモーターファン設置スペースがなかったため、
1階の天井にモーターファンを取りつけ、「押し出し式」で
屋上から排気している

（らーめん よし丸）

Before

After

04

インターネットで購入した
電柱に針金を張って、
ビールメーカーから
もらった提灯を取りつけている

（やきとり鳥菊）

05

オーナー・スタッフ・
常連さんによる
手づくりの内装が人気

（炭火串焼バル ボスとん）

実は、「居抜き開業」で失敗した店は数多い

飲食店の開業は、今や居抜きが当たり前になっています。しかし同時に、「居抜き」で開業したからこそ失敗したと思われる事例も数多くなっています。

「居抜き開業」という素晴らしい手段が広まったがゆえに、その問題点、「居抜き開業」の落とし穴もハッキリしてきたと言えるでしょう。

低コストで開業できるようになり、開業の金銭的ハードルが低くなったことにより、無計画で安易な開業が増えたせいかもしれません。

飲食店開業のハードルが低くなっても、繁盛店になるハードルが低くなったわけではありません。むしろ、開業店舗数が増えたことにより、繁盛店になるためのハードルは高くなったのかもしれません。

そこで、「居抜き開業」の問題点を明確にして、その対策（失敗しない居抜き開業）、成功法を豊富な具体的事例を元に解説することが本書の目的です。

今や、インターネットによる居抜き物件の専門情報会社が急増し、結果的に居抜きに関わるトラブルが増えました。この本では具体的なトラブルの事例と、対策や予防法も解説しています。

「居抜き開業」を成功させるための鉄則を網羅した教科書

居抜き物件であるがゆえに、準備や店づくりのアイデアやデザインの差が、繁盛するためにさらに重要になっています。

内外装の工事方法などのハード面も、居抜きであるがゆえに店づくりの方法が多様化し、その経験や知識によって工事コストにも大きな差が出るようになっています。「居抜き開業」という新しい開業法が定着したことにより、飲食店に参入するハードルが下がり、より個性的で魅力ある個人店に繁盛のチャンスが生まれていると思っています。

私は約25年間、開業プロデュースの仕事をしていますが、「居抜き開業」が主流になり、パシオのプロデュースする店も居抜き物件が多くなっています。

長年積み上げた私の〝パシオ流〟の、居抜きならではの成功する開業の鉄則を、この本ですべて披露しようと思っています。

２０１５年7月

株式会社パシオ　土屋光正

もくじ

「居抜き開業」の成功法則
――150万円から繁盛飲食店をつくる！

2章

居抜き開業の落とし穴 必ず知っておくべき7つのポイント

3章

ここだけは押さえろ! 後悔しない「居抜き開業」物件チェックのポイント7

4章 居抜き開業だからこその繁盛店のつくり方

5章

悪立地にチャンスあり！繁盛する飲食店立地の見極め方

6章

飲食店繁盛の極意
個人店なら、ずっと来てもらえる店にしよう！

付録

居抜き物件を取り扱う会社に、本音で聞いてみた
居抜き不動産会社と上手につき合う方法

カバー、本文デザイン・DTP／ホリウチミホ（ニクスインク）
イラスト／内山良治

居抜き開業事例 01

ホルモン焼肉屋⬇焼とり屋

好立地対応で滞在型から回転型へ

「やきとり鳥菊」(東京・北千住)…焼とり屋

「居抜き開業　繁盛の工夫」

①元焼肉屋の居抜き物件を、来店頻度の高い「焼とり屋」に変えて開業
②狭く目立たない入り口を、大衆的で入りやすいファサードに変更
③「お酒の持ち込みOK!」で、近くのコンビニやディスカウントストアからでも、どんなお酒でも持ち込みができる。さらに、入りやすさをアピールした企画も導入した
④「三丁目の夕日」に出てきそうな、ベタな昭和レトロの雰囲気。年配地元客から大学生まで、幅広い客層にアピールするデザイン

東京の下町・足立区の北千住には、都内でも有数のリアル昭和な飲み屋街がありますが、ただ古いだけの店がほとんどを占めています。

飲食店の数がメチャクチャ多いので、下町らしさを求めて来る人もそれなりに多いのですが、「懐かしい昭和の雰囲気が味わえる店」は数店舗しかないように私には見えました。

映画「三丁目の夕日」に出てくるような、昭和30～40年代の建物や看板などの外観や内装を残す店はほとんどなくて、あったとしても新しい素材で看板がつくられていたり、部分的に直したところがアルミサッシ戸や、サイディングなどの今風のモダンな壁だったりして、昭和30～40年代当時の雰囲気をそのまま残している店はほとんどありません。

そこで、元ホルモン焼肉屋だったこの物件を居抜きで借りた、地元北千住生まれのオーナーが、自分の記憶をたどり、「昭和40年代の北千住駅前にあったであろう、大衆居酒屋」を再現したのがこの店です。

駅から近いこの物件が居抜きで出た理由は、おそらく道に面した出入り口が幅1mほどしかなく、目立たなかったからだと思います。

ただ、幅1mほどの細長い通路を店の中に5mほど入ると、10坪ほどの四角い空間が現われ、飲み食いするのになかなかよい雰囲気がつくれそうだったのです。

なにしろ間口が狭くわかりにくいというハンディを背負った、**入り口&ファサード**

をどうアピールするかに、この店の成功が掛かっていました。

＊「お酒の持ち込みOK！」と大きく表示した、レトロな看板を製作

「昭和40年代に北千住駅前にあった大衆居酒屋を再現」するのですから、入り口のデザインをレトロな昭和の雰囲気にしたのはもちろんですが、インパクトのある、入ってみたくなる企画アイデアとして、オーナーからの提案で「お酒の持ち込みができる店」にしました。

「お酒の持ち込みOK！」と大きく書いた、昭和レトロな看板を製作して、店の入り口にドーンと掲げました。

どんな種類のお酒でも、何本でも持ち込みができる店です。何本でも持ち込めるだけでなく、「店に入った後でも、店の向かいにあるコンビニエンスストアで買ってきて持ち込んでもかまわない」ようにしました。

2分ほど離れたところに、お酒のディスカウントストアもあったので、わざわざその店の案内地図も各テーブルに置いておくようにしました。

ただし、お酒の持ち込みをした場合は2時間の時間制限を設けて、お通し代とは別に、お一人様600円いただくようにしました。グラスは店のものを使えますし、水

や氷やお湯は無料提供なので、その分をいただいている感じです。

＊厨房や客席レイアウトなど、費用が掛かるところにはほとんど手をつけずに開業

居抜き開業のメリットを十分に活かし、厨房はほぼそのまま使用して、炭火用の焼き台を置いて、その上に排煙用のフードを設置しただけです。

客席のレイアウトにもほとんど手をつけず、焼肉屋から焼とり屋になっています。焼肉屋の時は、テーブル上に置かれた七厘で肉を炭火で焼いていたので、各テーブル上部には筒状の排気ダクトが下がっていて、煙を吸い込む設備がされていました。内装工事会社と話をすると、この配管設備を取り外す工事だけでも結構な費用が掛かるということで、天井との境目で筒状の排気ダクトをスパッと切ってフタを被せるだけにしました。天井を見上げると丸い金物が見えるのですが、店内は少し暗めなのでほとんどわかりません。

店内の雰囲気を「レトロな昭和の雰囲気」にするために、インターネットで購入した古い電柱を客席の真ん中に立て、壁には骨董品屋から買った年代物の戸をはめ込んで演出しています。

元々が、大衆的なホルモン焼肉屋の居抜き物件だったことから、内装の仕上げなど

はほとんどそのまま使って、〝レトロな昭和〟を演出するためのキーとなるものだけを本物にすることにこだわりました。
入ってみたくなる入り口のデザインと、店の魅力的な企画の合わせ技で、売上・来店客数は借りる時に聞いた焼肉店の2倍近くなりました。

やきとり鳥菊
（東京・北千住）

（居抜き開業）／18坪・40席　■東京都足立区千住旭町41-16（JR北千住駅1分）■03-5284-6288 ■営業時間：[月～土・祝前日] 16:00～24:00（L.O.23:00）[日・祝] 16:00～23:00（L.O.22:00）

1章

「居抜き」とはなんだ

01 古くて新しい言葉『居抜き』が、飲食業界に革命を起こした

「居抜き」とは、飲食店や店舗などで、設備や内装や家具・什器備品などがついたままで、売買や賃貸借されることを言います。

そして「居抜き開業」とは、同業種や他業態などが撤退した「居抜き」店舗を、一部あるいは全部利用して、新規に開業することです。

「居抜き開業」する人は、すでにある設備や内装などを利用することで、開業初期費用を圧倒的に低く抑えることができます。

このことは飲食店開業の敷居を低くし、その可能性を広げたのですから、飲食業界に革命を起こしたと言ってよいほどです。

リーマンショックを境に、「居抜き」を活用した開業が圧倒的に増えた

「居抜き」を利用しての開業は昔からあったのですが、それは少数派で、ほとんどの

場合、店の内外装をすべて壊して一度スケルトン（何もない空の状態）にしてからつくり直していました。

それが２００８年9月15日の「リーマンショック」を境にして、この「居抜き」を活用した開業が圧倒的に増え、今や「居抜き開業」が飲食店を開業する際の主流となっています。

なかには、居抜き開業に特化して成功した店の事例がマスコミに取り上げられ、「居抜き開業をアピール」して集客に成功しているチェーンまで出てきました。

「居抜き開業」が増えて、物件の探し方も大きく変わってきた

「居抜き開業」が増えるにしたがい、開業の大きなポイントである物件の探し方にも変化が生まれてきました。

インターネットを駆使した「居抜き物件専門の会社」が数多く生まれてきたのです。今までの、どちらかというと閉鎖的だった不動産仲介業の世界が、いきなりインターネット上でオープンに情報が飛び交うようになりました。

居抜き店舗（の造作）が中古商品として、インターネット上で流通しだしたのです。店を探す側からすると、圧倒的に物件の情報量が増えて利便性が増しました。今ま

では、駅前の不動産会社に行き、そこにある情報（多くの場合、「マイソク」と呼ばれる不動産チラシ）を見せてもらい、該当する物件がなければまた次の不動産会社へ足を運ぶといったやりかたしかなかったわけですから。
「居抜き物件専門の会社」のくわしい話は後述しますが、いずれにしても、今や飲食店開業の主流となった「居抜き」をしっかりと理解し、活用していくことが、繁盛店開業法として欠かせなくなっています。

まとめ

今や、飲食店の開業は『居抜き開業』が主流となり、物件の探し方も居抜きを中心とした新しいやり方に変わってきた

※スケルトン＝骨組みという意味。そこから店舗が空で、何もない状態を指すようになった。

02 少ない資金で開業する切り札が『居抜き開業』だ！

前項でも少しふれましたが、「居抜き開業」の最大のメリットは、すでにある設備や内装などをそのまま利用することで、開業の初期費用を圧倒的に低く抑えられることにあります。

飲食店を開業する時に必要なすべての費用の総額（＝総開業費）のうち、内外装工事費と厨房機器費の合計が占める割合は、60～70％になります（私の会社であるパシオが実際にプロデュースした例の平均）。事務所や物品販売業や駐車場などの物件を、すべて壊して一から店舗にする場合や、スケルトンから工事する場合など、「居抜き」でなかった時には、店舗設計からはじまり、電気・給排水工事があり、店舗用の什器備品まですべて揃えなければなりません。

こうした内外装工事費や厨房機器費が、「居抜き開業」であれば半額から三分の一に抑えられるのですから、その金銭的メリットは計りしれません。

「居抜き開業」が増えたことで、素人店主がドッと増えた

「居抜き開業」が一般的になったことで、開業の金銭的ハードルが大きく下がりました。その結果、あらゆる人にとって飲食店が開業しやすくなったと言えます。

特に、飲食店で本格的に働いたことのない素人開業者にとって、開業初期費用が少なくてすむということは、開業に対しての安心感につながるようで、パシオがプロデュースした「居抜き開業」の約半分が、はじめて飲食店を開業する方です。

「昔からの夢で喫茶店をやってみたい」とか、「ラーメンが大好きなのでラーメン屋をやってみたい」と漠然と思っていた飲食業素人の方が、「居抜き開業」で金銭的なハードルが下がったことにより、飲食店経営にチャレンジするようになり、脱サラした年配の方や、20～30歳代の若い方などの素人店主がドッと増えました。

物件を借りてから短期間で営業開始できるのも魅力

「居抜き開業」の2番目のメリットは、すでにある設備や内装をそのまま利用するので、工事期間が短く、物件を借りてから早めに営業を開始できることです。

店舗はほとんどの場合、物件を借りて工事に着工する時点で家賃が発生し、工事中

も家賃を払い続けることになります（＝空家賃と呼ぶ）。

つまり、工事期間が短ければ短いほど、空家賃を払う期間も短くなるのです。限られた予算で頭を悩ませている時に、早く開業できて売上（収入）が得られることは、経費の削減・回収になり助かります。

また、スタッフを事前に確保している場合などは、空人件費も発生するので、1日でも早く開業できることは、非常に大きなメリットになります。

もちろん、オーナー自身も早く店に立ちたい、早くお客さんを迎え入れたいと思っているでしょうから、開業までの待ち時間が短いほど、精神的にも大きなメリットと言えるでしょう。少ない費用で開業でき、スケジュール面でも精神面でも楽なのが、「居抜き開業」なのです。

まとめ

開業資金を抑えられるだけでなく、工事期間が短いことで、「空家賃・空人件費」というランニングコストを減らすメリットもある

03

長引く不況とリーマンショックが、『居抜き開業』を主流に押し上げた

「リーマンショック（２００８年）を境に、『居抜き開業』が圧倒的に増えた」と前述しましたが、この話には前段があります。

日本の人口が減りはじめたのは２０１０年からですが、実は１９９５年をピークに「生産人口」（15～65歳の人口）はすでに減り出していました。

飲食店の主なお客さんや労働力となりそうな人口は、すでに20年前から減り続けているのです。

外食市場の売上のピークは１９９７年の29兆円で、２００４年頃には約24兆円と、ピークに比べて２割近く減っていました。その後も一進一退で、外食市場の売上は長い間変わらず23兆～24兆円前後で推移し、今に至ると言われています。

それなのに、１９９７年以降も数年間、飲食店数はずっと増え続けていました。

お客さんになる人達の数が減り、需要が減っているのに、飲食店数という供給は増

え続けていたわけですから、経営が厳しい店が出てくるのは当然のことです。

バブル崩壊のような打撃を与えたのが「リーマンショック」

厳しい経営状況の店が多かった2008年9月、飲食店にとってはバブル崩壊に匹敵するような出来事として、リーマンショックが襲いかかりました。ボディブローを打たれ続けて弱りきってやっと立っているボクサーが、強烈なパンチを顎に食らったようなものです。これでは、ひとたまりもありません。

後から見れば一時的なものではありましたが、リーマンショックの影響で「飲み控え」が広がり、特に居酒屋系などの、お酒を主体とした飲食店の客数が大きく減りました。

東京圏でも、特にオフィス街にあった飲食店がトドメを刺されて、経営が成り立たなくなってしまった店が数多く見られました。

飲食店物件の急激な供給増こそが「居抜き開業」が増えた理由

別の角度（需要側）から見ると、急に経営難に陥って潰れる店が多くなるということは、居抜き物件が数多く発生するということです。結果として、不動産賃貸市場に居抜き物件が数多く出回ることになりました。

景気の見通しは悪い。だけど飲食店舗物件はたくさん出てくる。それも、昨日まで営業していた内外装や厨房設備が残ったままの物件……。低予算の開業希望者にとってはチャンスです。

そこにインターネットが結びつきました。従来は、不動産会社がほぼ独占的に扱っていた「店舗資産（造作）の売買」を、不動産仲介とは切り離して、中古商品の売買と同じように扱い出す会社や人が出てきたのです。

いずれにしても、このリーマンショックをきっかけとした、飲食店物件の急激な供給増こそが、「居抜き開業」が圧倒的に増えはじめた大きな理由です。

まとめ

不動産賃貸市場に飲食店舗物件が数多く供給され、専門に扱う仲介業者が増加したことが、「居抜き開業」活況のきっかけとなった

04

居抜き開業は、エコ&リサイクル時代にマッチした新しい開業法!

2004年に、環境分野で初のノーベル平和賞を受賞したケニア人女性、ワンガリ・マータイさんが「『もったいない』という日本語に感銘を受けた」とスピーチしたことがきっかけで、「MOTTAINAI(モッタイナイ)」という言葉が世界中に広がりました。

日本でも、逆輸入で「もったいない」という言葉が持つイメージが、とても新しい考え方のように捉えられるようになりました。今あるものを活かしていこう・使っていこうという考え方が、格好よく見えるようになってきたのです。

これまでの飲食店開業で最ももったいないことが、まだまだ使える店舗設備や内装を、「すべて壊してゼロからつくり直す」やり方だったのかもしれません。

当たり前のように、前の店を壊してゼロからつくっていた店舗ですが、「使えるモノは使い、活かせるモノは活かしてリサイクルしたほうが賢い開業方法だし、地球にもやさしい」、そんなふうに考える人が増えてきました。

「居抜きは格好悪い」が「格好いい」に180度変わった

今までは、「居抜き開業」はケチ臭くて格好悪いとマイナスにイメージされていたのが、今や賢い開業のしかた、もしかしたら格好いい開業法！　とプラスに受け取れるように、180度変わってきたのです。

「環境に優しい」を背景に、この「居抜き開業」こそ、格好よくてスマートな開業法なのだという意識の変化・風潮が下支えとなり、さらに「居抜き開業」を後押ししているようです。

私が飲食店の開業をプロデュースするようになって25年になりますが、つい7年前までは居抜きでの開業件数も少なく、開業者側にも、「居抜きと言うと何かケチ臭いと思われそうで、言いにくい」といった雰囲気がありました。

今では逆で、店をすべて壊しスケルトンにしてゼロから新たに店をつくると言うと、むだな贅沢をしているようで「格好悪い」と言われてしまいそうです。それくらい意識が変わってきました。

「居抜き開業」だからこそ、デザイナーや設計者の腕が問われる

当然、飲食店の内外装をデザイン・設計する側も、「居抜き開業」が主流になる前と後では、求められることが変わってきました。

少しでも、今ある内装や設備を活かしながら、開業者が望むデザインや使い勝手を実現するかを問われるようになったのです。

ある意味、「居抜き開業」が増えたことにより、インテリアデザイナーや設計者の腕の見せどころが増えたとも言えます。

まとめ

「居抜き開業」こそが、エコロジーを尊ぶ時代の「賢くて格好いい飲食店の開業法」というように意識が変わってきた

05

「居抜き」が不動産会社の商売のやり方を変えた

時代の流れを契機に「居抜き開業」が増えるにしたがい、開業に際しての大きなポイントである「物件の探し方」にも大きな変化が生まれてきました。

大量発生する「居抜き物件の店舗資産（造作）」に目をつけた人や会社が、異業種から参入してきたのです。それまでは、不動産会社がほぼ独占的に扱っていた、居抜き物件で発生する「店舗資産（造作）の売買」を、そうした会社は不動産仲介とは切り離して、中古商品の売買と同じように扱い出しました。

そこには、本格的に普及していたインターネットの存在が大きくかかわっています。インターネットを駆使した「居抜き物件専門の紹介会社」が数多く生まれてきたのです。

インターネットによる居抜き物件売買の専門会社が急増

今まで、どちらかと言うと閉鎖的だった不動産仲介業の世界が、いきなりインターネット上でオープンに情報が飛び交うようになりました。居抜き店舗（の造作）が商品として、インターネット上で流通し出したのです。

居抜き物件を紹介したり、店舗の造作売買を仲介して手数料を取ることについては、資格や免許はいりません。極論すれば誰でもできるのです。

不動産会社の貸し方も「サブリース」など多様化してきた

不動産会社自体も、「居抜き開業」が増えるにつれて、さまざまに変化してきました。

たとえば、サブリース（転貸）という貸し方が増えてきました。これは昔ふうに言うと「又貸《またが》し」という貸し方に似ています。店舗物件を不動産会社が大家さんから借り上げ、それを開業者に「又」貸すというやり方です。

「又貸し」という言葉は、「大家さんに内緒でやっている」というような、マイナスのイメージを持った言葉でしたが、「サブリース」という言葉に変わると、ちょっと格好よく聞こえます。

不動産会社が手掛ける「サブリース」は、大家さんから不動産会社が居抜き物件を

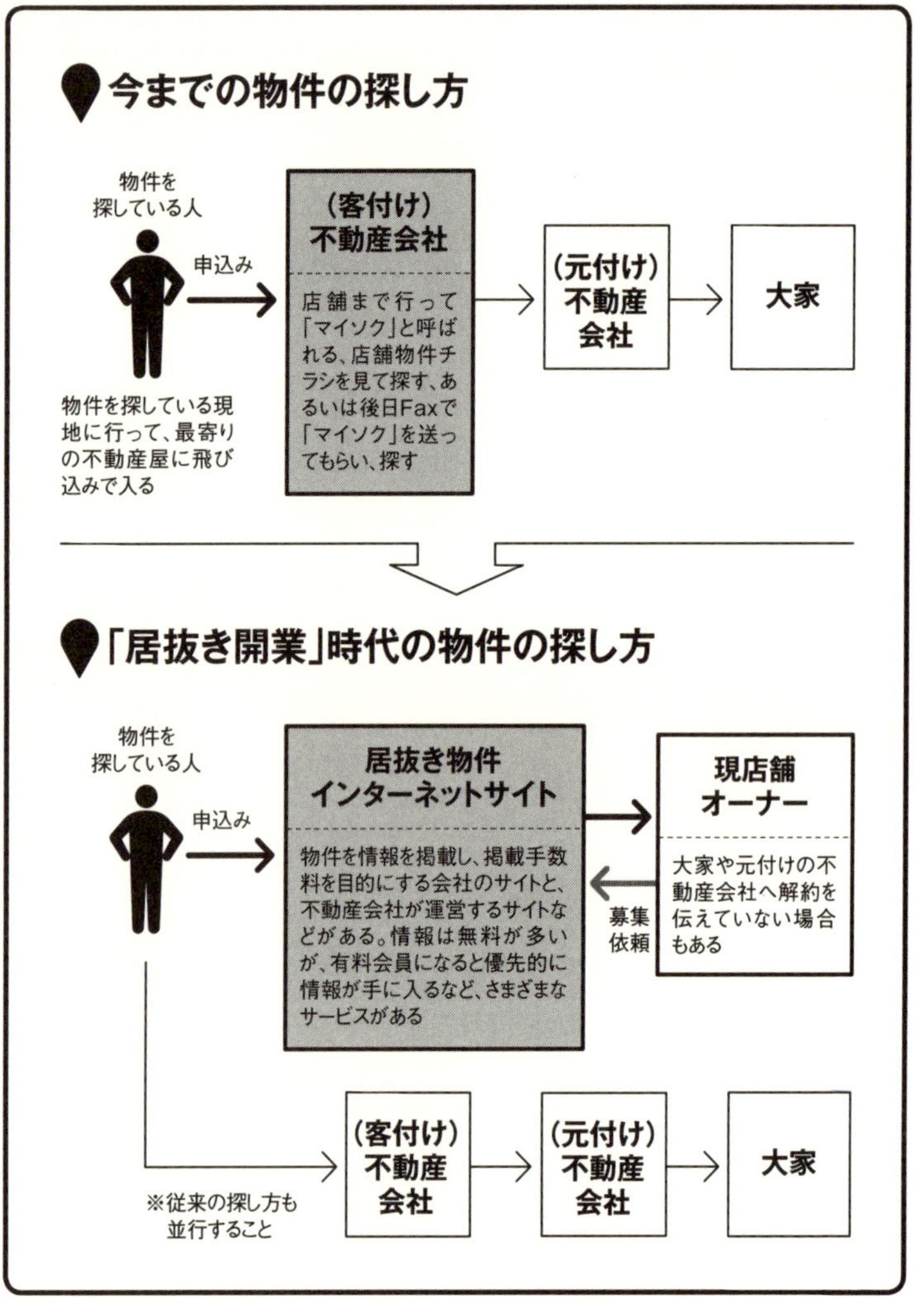
今までの物件の探し方
物件を
探している人
申込み
物件を探している現地に行って、最寄りの不動産屋に飛び込みで入る
(客付け)
不動産会社
店舗まで行って「マイソク」と呼ばれる、店舗物件チラシを見て探す、あるいは後日Faxで「マイソク」を送ってもらい、探す
(元付け)
不動産
会社
大家
「居抜き開業」時代の物件の探し方
物件を
探している人
申込み
居抜き物件
インターネットサイト
物件を情報を掲載し、掲載手数料を目的にする会社のサイトと、不動産会社が運営するサイトなどがある。情報は無料が多いが、有料会員になると優先的に情報が手に入るなど、さまざまなサービスがある
現店舗
オーナー
大家や元付けの不動産会社へ解約を伝えていない場合もある
募集
依頼
※従来の探し方も
並行すること
(客付け)
不動産
会社
(元付け)
不動産
会社
大家

借りて、内外装に手を入れて商品価値を高めてからお客さん（開業者）に貸す場合が多くなり、従来の又貸しとは違った場合も多いので、新しい賃貸のスタイルとも言えます。大家さんからすると、すぐに不動産会社が借りてくれれば、家賃がもらえない期間を短くできるし、店子《たなこ》（借り主）とのさまざまなやりとり（テナントが出たり入ったりするたびにやらなければならないこと）から解放されるので、ありがたい話のようです。

いずれにしても、「居抜き開業」が増えるにしたがって不動産会社もどんどん多様化してきています。

まとめ

居抜き物件の探し方もインターネットから情報を得ることが当たり前になり、不動産会社の商売のやり方も変わった

居抜き開業事例 02

ラーメン屋⬇つけ麺屋

銀行も反対する大型の居抜き物件での開業

「麺屋大和」（栃木県小山市）…つけ麺屋

「居抜き開業　繁盛の工夫」

①評判の悪かった前のラーメン屋と差別化するために、つけ麺をメインにした
②左車線を走る車から見えるよう、火の見櫓《やぐら》を屋根の上につけた
③何屋かわかるように、ポール看板にプラスして袖看板をつけた

「あの物件でなければお貸しできるのですが。支店の者も全員が、あの物件はやめたほうがいいという意見です」。栃木県小山市の元ラーメン屋の居抜き物件での開業をめざし、物件の近くにあった地元の銀行に開業者と一緒に借り入れの申込みに行った時に、銀行の担当者から言われた言葉です。

この物件は建物の大きさだけで60坪超の、全80席もある大型のラーメン屋でした。駐車場スペースは同一敷地内にあるモデルハウス分も含め、40数台が停められます。

開店当初は話題になり、相当な繁盛店で支店を出すほどだったらしいのですが、私たちが見た頃にはお客さんの入っていない暇そうな店でした。

店前の片側2車線の県道は、車の通行量は多いものの、店の手前まで下り坂で車のスピードが落ちない場所に立地していることや、建物が敷地手前に建っていて、店前の左車線から店のファサードが見えないことがハンディキャップになっていました。

「最初は流行ったけれど、しばらくするとお客さんがまったく入らなくなった」ことを近くで見ていた銀行にとって、あの場所は「店にとって悪立地である」という判断だったようです。銀行は銀行なりに、好意で「あの場所はやめたほうがいいですよ」と言ってくれたのだと思います。

しかし、銀行の判断と私たち（オーナーと私）の立地判断は違っていました。

ひとつは、**「前のラーメン屋が最初は相当な繁盛店であった」**のなら、**「店がうまくいかなくなったのは場所のせいではなく、他に理由がある」**と考えました。つまり、この物件は人が集まる「力のある場所」だと判断したのです。

2つ目が、「確かに左車線からは店のファサードは見えないが、広い駐車場スペースに目立つ看板をつければ、解決する問題である」と判断したことです。

3つ目が、「そうは言っても、前店の負のイメージがついているから、同じラーメン屋でも、ガラッと変えた商品やイメージをつくらなければならない」ということでした。

＊もっと広い場所で、自分の技術を使える飲食店にチャレンジしたい

普通なら、個人が手を出すような規模の物件ではないのですが、この店のオーナーは、東京の代々木駅近くで10坪のカジュアルイタリアンの繁盛店を経営し、成功していた実力者でした。代々木の店の前には、大手飲食店チェーンの新店立ち上げ時の調理責任者を務めていて、洋食から和食まで〝何でもござれ〟の、腕のよい料理人だったのです。

代々木の行列ができる繁盛店を手放してでも、もっと広い場所で、もう一度自分の持っている技術を使える飲食店にチャレンジしたかったのです。

「思い立ったら吉日」タイプのこのオーナーは、まだ次の物件も見つかっていないのに、代々木の店を手放して、業種業態探し＆物件探しをはじめたのです。

＊やっと見つけた都内の物件は、正式契約寸前でドタキャンされる

店を手放して物件探しをはじめてから、最初に新店の計画が具体化したのは、東京の赤坂通り沿いにあったイタリア料理店の居抜き物件です。

20坪の1階物件で、この時には〝ニューヨークのマンハッタンにある鉄板ステーキ店〟をコンセプトとした店の開業を計画していました。居抜きの造作譲渡や賃貸の仮契約も取り交わし、新しい店の内外装のデザインや設計図もほぼ完成していました。店のイメージを最終的に固めるために、オーナー夫婦でニューヨークまで行っていたほどです。

しかし、正式契約前の土壇場で物件の店主から、「店を閉めることをスタッフに伝えたら、スタッフの1人が『ぜひ自分にやらせてくれ』と言ってきたので貸せなくなった」と言われて、仮契約していたにもかかわらず、借りることができなくなってしまいました。まさにドタキャンというやつです。

振り出しに戻って、都内を中心に物件探しを再スタートしたのですが、なかなかこれという物件が見つからず、長引いていたのでラーメン店でアルバイトをしながら探すことにしました。この時のアルバイト先だった新宿のラーメン店が、ものすごい繁盛店で、開店から閉店まで行列が絶えない「超」のつく忙しさでした。

元々、ラーメンにも興味があったので、「ラーメン屋での開業もありかな」と思っていた頃、たまたま実家に帰った時に、ラーメン屋の居抜き物件を見つけたのです。

銀行が指摘したような立地的理由と、大きすぎる店の規模と、栃木県内では高めの家賃がネックになって空いていたこの物件を、じっくり検討した上で借りることに決めました。

店の売り物は、前のラーメン屋との差別化のためもあり、東京で流行りはじめていた「つけ麺屋」にすることにしました。多すぎた席数も、可能な限り減らしました。

当時、小山市エリアには、まだつけ麺の店はなかったと思います。「つけ麺ってどうやって食べるの?」と聞かれることもたびたびあったそうです。

開店後しばらくはお客さんもまばらで、軌道に乗り出したのは開店から半年以上たってからでした。今では、小山エリアでのつけ麺店の先駆けとして、「超」のつく繁盛店になっています。

麺屋大和／つけ麺屋・ラーメン屋
(栃木県小山市)

(居抜き開業)／60坪・60席■栃木県小山市駅南町3-26-9 (JR東北本線・水戸線　小山駅東口　徒歩15分) ■0285-28-9921 ■営業時間:11:30～23:00 (L.O.) ■無休

2章

居抜き開業の落とし穴
必ず知っておくべき
7つのポイント

01

落とし穴①

居抜き物件は、99%前経営者が失敗した物件だ

居抜き物件は、前の経営者が失敗した店と思って間違いありません。

不動産会社や居抜き仲介業者は、「店はうまくいっていたのですけど、経営者が体を壊して……」とか、「店は繁盛していたのですが、もっと大きな店をやりたいということで移転した好物件です」とかなんとか理由をつけたがりますが、本当のところは、店が流行っていなかったからやめたのです。

なぜそう言い切れるのかと言うと、流行っていた店は居抜き市場に出てきません。流行っていた店がやめるとなれば、その店で働いていたスタッフが引き継がせてくれというケースも珍しくありませんし、時にはその店のお客さんだった人が店を引き継ぐ場合もあります。

いずれにしても、繁盛していた店は、居抜き市場に出ることなく、スタッフやお客さんや知り合いの誰かが続けて店をやるものなのです。

失敗した理由を明確にしておくことが重要

先日も、鉄板焼居酒屋の開業をめざす方の依頼で、東京・神田の神保町に居抜き物件を見に行ってきましたが、明らかに夜逃げに近い状態で店を閉めたことがわかりました。店のメニューブックやレシピのメモ、公共料金や酒屋からの請求書、ユニフォームやタイムカードまでそのまま残っていました。さらに冷蔵庫を開けると、食材まで入った状態でした。

神田・神保町という街は、開業をめざす方には人気の街で、平日はオフィスで働く人や学生で溢れ、土日は古本屋やスポーツ用品店目当ての人が集まります。人も多いが店も多い、老舗からチェーン店、バリバリの若手経営者の店まで、幅広い分野の個性的な飲食店がしのぎを削る、そんな街です。夜逃げするほど追い詰められるような立地には見えません。

そうした街でも、前経営者は経営に行き詰まり、夜逃げした店だということをしっかりと踏まえて、開業を検討する必要があります。

居抜き物件で開業するからには、前の店と同じような業種・業態での開業が多いのですから、よけいに慎重に検討することが重要です。

ここまでわかりやすい例でなくとも、十中八九、居抜き物件は「経営がうまくいかなかった」物件です。

店の前オーナーのやり方に問題があったのか、立地に問題があったのか、ターゲットと業種・業態がミスマッチだったのかなど、失敗した理由を深掘りして答えを出しておく必要があります。不動産会社や大家さんからの情報もあるでしょうが、近所の店で買い物をして聞いてみるとか、ビールを納品している酒問屋の営業マンに確認するのもいいでしょう。

インターネットでの口コミ情報も役立ちます。利害関係のない、お客さんからの客観的な評価には、失敗した理由がわかるヒントがたくさん詰まっています。

まとめ

流行っていた店は、居抜き不動産市場には出てこない。すべて前経営者が失敗した物件と考えて、二の舞にならないように準備する

02

落とし穴② 実は、居抜き物件はトラブルだらけ

皆さんが日頃利用している飲食店の多くが、居抜き開業した店舗です。数が多くなったからなのか、居抜き物件にまつわるトラブルを耳にする機会が増えました。居抜きに対する情報や知識を十分に持っていれば防げる問題が多いのですが、多くの方ははじめての飲食店開業で、当然ながら経験などないわけですから、どこをどう気をつければいいかすらわからない状態だと思うのです。

たとえば、設備上のトラブル原因として圧倒的に多いのが、厨房の排水に問題がある場合です。

厨房の排水管が詰まっていて、流れが悪くなっていることが多いのです。排水のつまりを根本的に直すとなると、今ある厨房機器をすべて片づけて、床を掘り返して排水管を引き直す工事をする必要があります。費用は１００万円を超える大きな金額になり、これでは居抜き物件を選んだ意味がありません。

こういった場合、多くは排水管を高圧洗浄機で掃除するのですが、配水管の勾配（水が流れる角度）がとれていない、配水管が細い、曲がっていて詰まりやすいなど、排水設備工事自体に根本的な問題を抱えている場合が多く、一時的には改善されますが、また詰まるので定期的に業者に洗浄を頼まなければなりません。

逆に言うと、前経営者は排水のトラブルを抱えて困って、店を手放したのかもしれません。直すとなると100万円を超える大きな投資となるため、排水のトラブルをきっかけに移転や、時には廃業する人もいるのです。結果的に、排水のトラブルを抱えた居抜き物件が出回る可能性が高くなるのです。

設備面だけでも数多くのトラブルポイントがある

その他にも、「排気ダクトが煙を吸わない」「排気が弱くて煙が客席に流れてしまう」「排気される煙が臭いと近隣からクレームが寄せられ、排気ダクトを屋上まで上げる工事をしなければならない」「給気が少ないために、お客様が来店して引き戸を開けるたびに外の冷気がドッと入ってくる（あるいは、ドアが重くて開かない）」「夏場にエアコンが効かない」「電気のブレーカーが落ちやすい」「調理器具を増やしたくても、電気容量が足りない（これ以上電気容量を増やせない）」「ガスの容量が足りない」「工事をすると配管工事にお金が掛かる」「厨房から水漏れしていて、階下のテナントからクレームをつけられた」「水道の出が悪い」……などなど、トラブルを数え上げたらキリがないほどです。

居抜き物件には、設備上のトラブルを抱えている場合が多いことを念頭に置いておきましょう。だからこそ、事前に専門業者に同行してもらい、物件の設備をチェックする必要があります。

もちろん、設備以外でもトラブルはあるわけですから、借りる際には細心の注意が必要です。

まとめ

居抜き物件は、給排気や排水などの設備面でトラブルを抱えている場合が多い。事前に必ず専門家にチェックしてもらう必要がある

03

落とし穴③

厨房の場所やスペースを変えなくても大丈夫か、絶対確認!

せっかく居抜き物件を借りたのに、結局、工事費が高くついてしまう一番の原因は、「厨房の位置や大きさを変えなければならなくなった場合」です。

飲食店の厨房の床下には、基礎のコンクリートの上に水漏れを防ぐために防水層がつくられています。その防水層の上に排水管やガス管などがレイアウトされた後、モルタルを流し込んで厨房の床はできあがっています。

つまり、厨房の床下は、工事費の大きなウエイトを占める、給排水工事・ガスの配管工事・電気工事などがなされている場所です。

そこをいじるとなると、大きな費用が掛かります。「厨房位置を変えないこと」、これが居抜き物件で低コスト開業する時の絶対条件です。

素人は、厨房を30㎝狭めたり、30㎝広げることなどたいしたことないと思うかもしれませんが、防水工事された区画（防水区画と呼ぶ）を狭めたり広げたりすることは非常にリスキーです。特に、下の階にテナントが入っている場合、水漏れを起こしたら大問題です。下の店の営業補償はもちろんのこと、ビル内での人間関係もぶち壊してしまいます。

30㎝でも厨房を狭めれば、防水区画を断裂することになり、防水区画をつくり直さなければなりません。厨房を30㎝広げるのであれば、新たにその30㎝分の防水区画をつくらなければなりません。

さらに言えば、排水位置の変わる厨房機器のレイアウト変更も避けたほうが無難です。配水管の移動のため床をはつる（部分的に削り取る）と、はつり工事のために使うドリルの振動が防水層を壊してしまう可能性があるからです。

別の場所に厨房をつくるとなると、当然のことながら新しい場所に防水区画をつくり、給排水工事・給排気工事・ガスの配管工事・空調工事・電気工事などをやり直すわけですから、居抜き物件を選んだ意味がありません。

居抜き物件より、スケルトン物件のほうが安くつく場合が多々ある

そうなると、「実は居抜きではなく、何も造作のないスケルトンの物件のほうが安上がりだった」という、身も蓋もない話になってしまう場合も多いのです。

レイアウト変更

15坪の飲食店を、何もない状態（スケルトン）にするには100万円以上の費用が掛かります（もちろん、物件が1階なのか、地下や2階なのか、前面の道路に大型の車が止めやすいのか、解体した際の撤去ゴミの量は多いのかなど、ケースバイケースで違います）。

そのまま使えると思って居抜き物件を借りたのに、実際には何もないスケルトン状態から店をつくった時と変わらないくらい、工事費が必要になることがあるのです。

居抜き物件を見に行ったら、厨房位置を変えずに使えるかどうかを必ずチェックしてください。「厨房位置を変えないこと」。これが低コスト開業の絶対条件です。

まとめ

居抜き物件では「厨房を第一に確認する」こと。厨房位置を変えないことが、お金をかけずに開業するための絶対条件

04

落とし穴④

業種・業態に適した居抜き物件か あなたのやろうとしている

居抜き物件の魅力である「低予算で開業できること」を享受するために、厨房の位置や大きさを変えないこと以外に、もうひとつ大きなポイントがあります。

それは、「あなたのやろうとしている飲食の業種・業態に適した居抜き物件であること」です。

業種・業態がまったく違っていると、スケルトン状態から店をつくった時と工事費が変わらないどころか、高くなる場合さえあります。

たとえば、前に喫茶店だった居抜き物件で居酒屋をやりたいといった場合を考えてみましょう。

喫茶店ではガス器具を使った、焼く・煮込むといった調理がほとんどありません。ですから当然、焼く・煮込むといった調理に対応した給排気設備や給排水設備がありません。下手をすれば、ガスの設備のない物件もあります。

そこであなたが居酒屋をやるとなると、まず、調理するときに出る煙を排出する場所を新たに確保しなければなりません。

都市部の繁華街や住宅地のそばなどでは、屋上までダクトを上げて、煙・臭い対策を講じなければならなくなるかもしれません。

同じ飲食店でも、業種・業態で違った設備が必要になる

排水も、喫茶店であれば、簡易な排水設備で大丈夫だったかもしれませんが、居酒屋となれば、厨房の床にはグリストラップ（油を除去する排水設備）が必要ですし、床も水を流して掃除できるようにしなければなりません。そのために、厨房にグレーチング（側溝）も必要になります。

それらの設備を新たに設置するためには、当然、厨房の大掛かりな工事が必要なります。

電気容量についても、喫茶店であれば手の込んだ料理を出さないので、食材のストック用の冷蔵庫の数も少なくてすみますし、食器洗浄機などの電気を多く使う機械も使わないので住宅並みの容量ですんでいたかもしれません。

ガス設備も喫茶店であれば、住宅並みの容量で設備されている場合が多いのです

が、居酒屋となればそういうわけにはいきません。

電気メーターやガスメーターを容量の大きなものに変更し、時には配管もやり直さなければなりません。

あなたのやろうとしている飲食の業種・業態に適した居抜き物件でなければ、違った設備が必要になり、「居抜き物件で工事費を安くあげようと思っていたのに、逆に高くついてしまった」ということにもなりかねないのです。

まとめ

あなたがやりたい店で使える設備か、容量は大丈夫か。物件の設備の確認を十分にしないと、大きな失費につながるので要注意

05

落とし穴⑤

居抜き物件の価値を造作の新しさに惑わされてはいけない！

居抜き物件には、造作が無料で手に入るものもありますが、多くの場合、内外装の造作や厨房機器を買い取る必要があります。つまり、造作を譲り受けるための費用、「造作譲渡料」がついている居抜き物件です。

「造作譲渡」とは、「内装や吸排気設備、厨房設備、備品などの権利を前経営者（権利者）から取得する（買う）」ことを意味しています。

しかし造作譲渡料の金額は、大げさに言うと、造作の価値とは関係がありません。

飲食店をやるには店舗物件が必要です。飲食店は「場」の商売ですから、特によい場所を押さえることが重要です。飲食店で成功するためのポイントが場所なのです。

当然、開業者は〝よい〟場所を探しています。しかし、限られたエリアで物件を探している人は数多くいるので、なかなか〝よい〟場所は見つかりません。なかには1年、2年と物件を探し続けている人もいます。

そうなると、居抜き物件についている造作の内容や費用より、物件そのものを手に入れることが最優先になり、造作は二の次となっている開業希望者もいるのです。

すると、借りたい場所に物件があるなら、いらない造作がついていたとしても借りる場合があるのです。

パシオがお手伝いした事例でも、東京の銀座8丁目で20年ほど営業した12坪の物件の例があります。８００万円の造作譲渡料がついていたのですが、どうしてもそこを借りたい居酒屋開業希望者は、８００万円の造作譲渡料を支払いました。買った造作はすべて廃棄処分し、１００万円以上を掛けてスケルトンに戻してから全面改装して、開業にこぎ着けました。

この例が、造作譲渡料とは何なのかを端的に示しています。どうしてもその場所を押さえたい、借りたいとなった時、造作譲渡料は、「不動産物件の魅力と連動して相対的に決まるモノで、造作そのものの価値・価格とは関係ない」のです。

限られた予算で開業をめざす人にとっては、使えることが条件になるが……

限られた予算で開業をめざす人にとって、今ある厨房機器がそのまま使えるかどうか、揃っているかどうか、給排気などの設備はそのまま使えるかどうかは大きなポイントになります。

だからこその「居抜き物件での開業」なのですから、造作（設備や厨房機器）が使えるものであるかどうかは、借りる時の大きな基準になります。

それでも、実際には設備や厨房機器がいくら新しくても、テーブルやイスが新品でも、造作譲渡料の高低に影響を及ぼすのは、場所の魅力なのです。それだけ、繁盛するには出店場所の影響が大きいと言えます。

実際に、いくらお金を掛けずに居抜き物件を活用して開業できたとしても、「場」の商売である飲食店は、よい場所を押さえないと後から苦労することが目に見えているのです。

まとめ

居抜き物件の価値は、立地がどれだけ魅力的かによって決まる。造作がいくら新しくてそのまま使えても、それで判断するのは間違い

06

落とし穴⑥

「え？嘘！」譲渡物だと思っていたら、リース契約が残っていた！

居抜き物件を見に行った時、まだ新しい冷蔵庫や製氷機があり、「この厨房機器がついてくるなら、ちょっと高めの造作譲渡料を支払ってもいいな」と思って造作譲渡契約をし、後日、店に行くと、その狙っていた厨房機器がなくなっていたという、嘘のような本当の話があります。

ここまでひどくはなくても、「ちょっと高めの造作譲渡料だったが、食器洗浄機が新しかったので値段交渉せずに契約したら、その食器洗浄機はまだたっぷりリース契約が残っていた」といった事例は珍しくありません。

当然、リース契約が残っていれば、機械の所有者はリース会社ということになりますから、その機械をあなたが使いたいのであれば、リース契約を引き継ぐか買い取るしかありません。実際、無料（造作譲渡料に含まれる）だと思っていたものでも、自分で買い取ったり、リース料を支払う必要があるケースが出てくるのです。

必ず造作譲渡品リストをつくること

こうしたトラブルを防ぐために、必ず造作譲渡品リストを自分でつくる（あるいは、居抜き物件の仲介業者につくってもらう）ようにします。

必要なモノであれば（造作譲渡を受けるのであれば）、冷蔵庫やガステーブルなどの厨房機器はもちろん、エアコン、レジスターやワインクーラー、椅子やテーブル、カーテン、外部のテントなどもリストアップしましょう。調理器具や食器やグラスなどもリストに加えておきましょう。

逆に、いらない機器の処分条件も明確にしておきましょう。

古い厨房機器などをリサイクルして販売する会社も、最近ではよっぽど新しくて売れそうな機器しか、有料で引き取ってくれません。有料で引き取らないどころか、引き取り費用を請求されますから、その処分費もバカになりません。

造作譲渡によって、あなたが必要なモノと必要ないモノを明確にすること。前経営者が持っていくものと残していくモノを明確にすること。そして、必要のないモノの処分をどうするかも決めておきましょう。必要のないものが造作譲渡品に含まれていたら、あなたが処分するのか、前経営者が処分するのかを決めておきます。

店舗資産（造作）譲渡品チェックリスト

（2015年　　月　　日）

物件名

住所

譲渡する人	譲渡される人	立会人
印	印	印

	品名	サイズ	数量	リース有無
厨房	□テーブル型冷蔵庫（コールドテーブル）			
	□テーブル型冷蔵庫（コールドテーブル）			
	□縦型冷蔵庫			
	□リーチイン冷蔵庫（ショーケース型）			
	□製氷機			
	□作業台			
	□作業台			
	□シンク（流しの水槽）			
	□シンク（洗い物用）			
	□食器棚			
	□ローレンジ（　　　口）			
	□ガステーブル（　　　口）			
	□ガスオーブンレンジ（　　　口）			
	□ガス炊飯器			
	□フライヤー			
	□電子ジャー			
	□給湯器（湯沸かし器）			
	□電子レンジ			
	□食器洗浄機			
	□			
	□			
	□			
	□			
	□ドリンクサーバー（　　　口）			
	□冷水機（チップアイスディスペンサー）			
	□おしぼりウォーマー			

店にある冷蔵庫やガスレンジなどがまだ使えるかどうかは、厨房機械メーカーに見てもらえれば間違いありませんが、新規開業する場合、厨房機械メーカーと接点を持っているケースが少ないため、実際には見た目と何年使っていたかで判断しています。厨房機器やエアコンなどは、7年をひとつの目安にしていますが、前店舗での使い方や清掃の状況によって使えるかどうかは前後しますから、あくまで目安です。「8年たっているけど、見た目がきれいでしっかり掃除されているから、まだ使えそうかな」といった感じです。用心のために、メーカーに確認しましょう。

まとめ

造作譲渡品のリストを作成し、前経営者に確認をとっておくこと。厨房機器やエアコンのリース契約が残っていることもある

07

落とし穴⑦ 居抜き物件の専門情報会社は、直接物件契約をできない場合が多い

居抜き物件が飲食店開業の主流になるほど広がったのは、インターネットを使った居抜き物件専門の情報会社の存在によるところが大きいと言えます。

飲食店の物件を探している側からすると、不動産会社を窓口としたアナログでの物件探しに比べると、情報量は圧倒的に多く、スピードも速く、便利さは比べものになりません。家や会社にいながらにして、毎日膨大な量の物件情報を手に入れることが可能になったのです。

しかし、この便利なインターネットを利用した居抜き物件専門の情報会社には、大きな落とし穴があります。それは、「居抜き物件専門情報会社」は直接、不動産取引を行なえない場合が多いのです。

居抜き物件の売買は、インターネットオークションの個人売買みたいなものなのです。たとえば、あなたが中古のカメラを売りたい人の代理人になって、買いたい人を

インターネット使って見つけ、その売買の間に立って手数料をもらっているようなものです。つまり、資格のいらない、誰でもできる商売なのです。

これが、不動産がからまない物品だけの売買なら、品物がちゃんと使えるか状態かどうか、売り主の言った通りかどうかをチェックすればいいのですが、居抜き物件の場合はそうはいきません。

居抜き物件の造作は、不動産と一体化したものだからです。造作の譲渡は、その物件を借りて店を開業することを前提としていますから、その物件が大家さんから借りられなければ意味がありません。しかし居抜き物件専門情報会社は、不動産取引を行なうために必要な宅建（宅地建物取引士）免許を持っていない会社が多くあります。

居抜き専門情報会社は、物件の大家さんと接点を持てない場合が多い

宅建の免許がないと、不動産の取引業務はできません。前経営者と造作の売買に関しては扱えますが、不動産賃貸契約に関することにはノータッチです。

つまり、あなたの目の前にいる居抜き物件専門の情報会社の担当者は、その物件の大家さんと会ったことがない場合もあるのです。当然、あなたの情報は何ひとつ大家さん側には伝わっていません。

物件募集の主役（今まで）

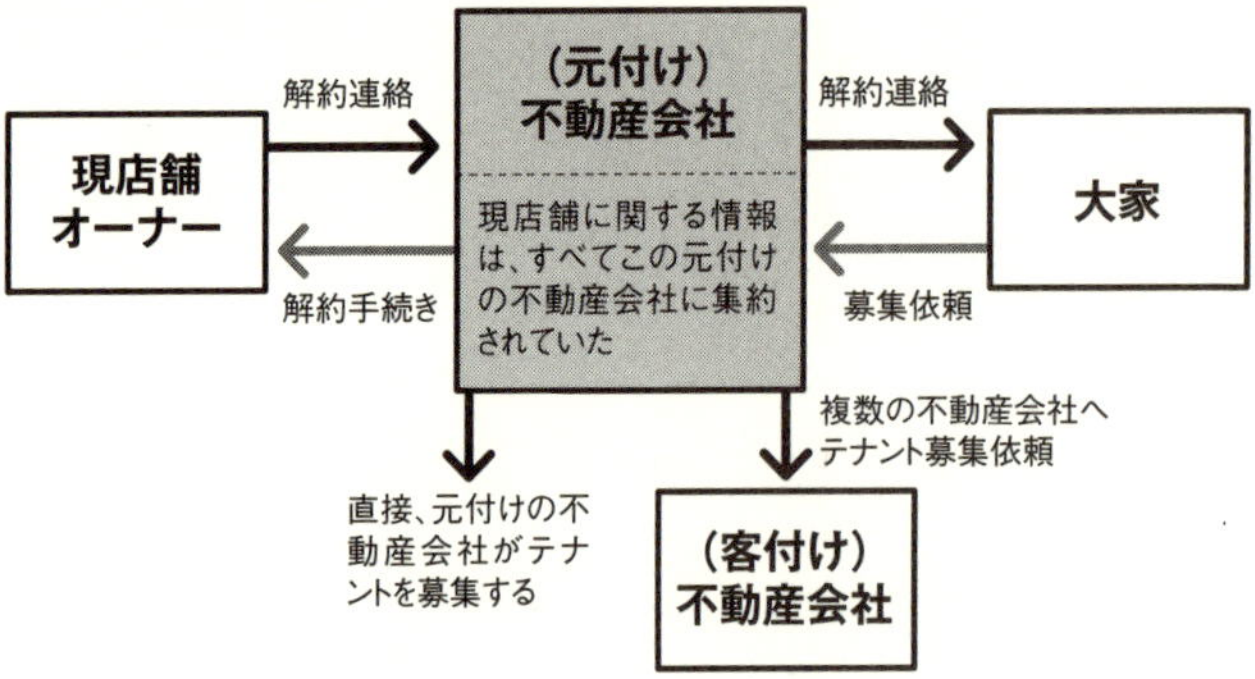

物件募集の主役（居抜き開業時代）

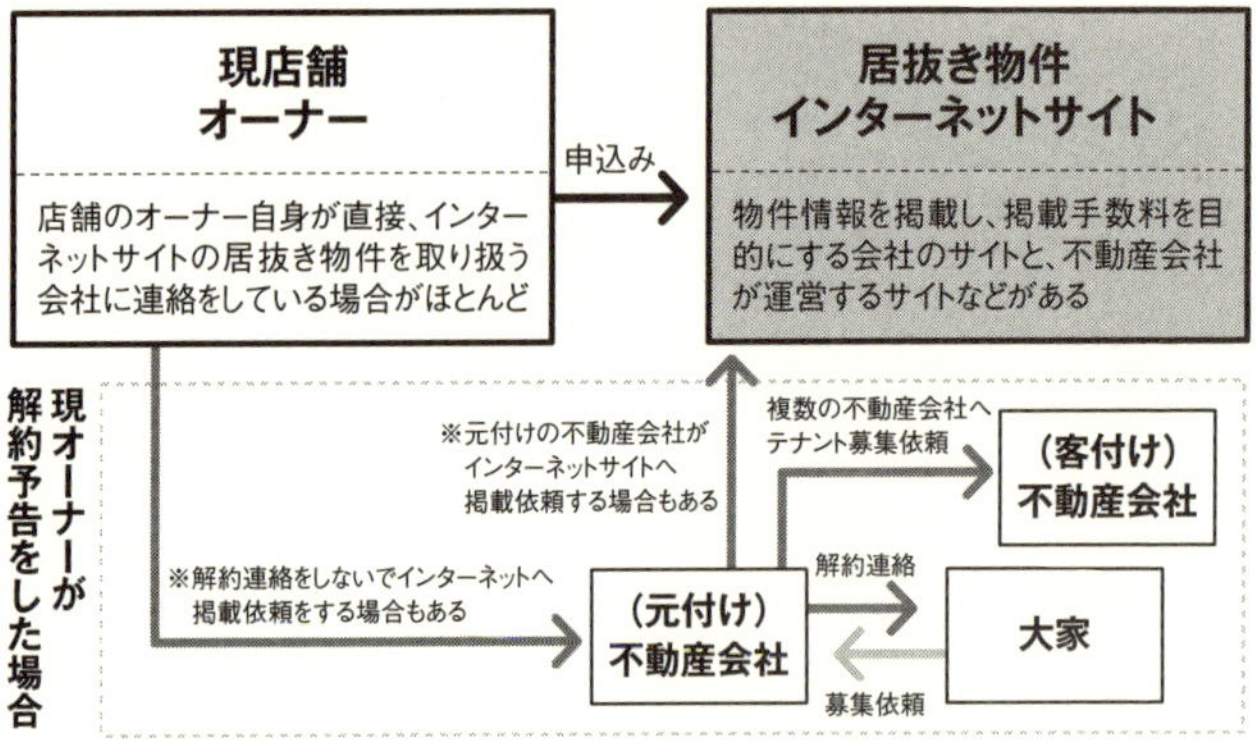

居抜き物件を借りる場合、先に造作譲渡について決めないと、次（大家さんとの交渉）に進めないので、まず前経営者と造作譲渡に関して話し合い、交渉するのが順序なのです。しかし、造作譲渡の件が決まったからといって、物件が借りられるとは限りません。新たに、不動産会社を介して、大家さんと賃貸に関しての交渉をすることが必要な場合もあるのです（不動産会社が造作譲渡の窓口になっている場合はこの限りではありません）。

まとめ

不動産賃貸契約ができる会社なのか？
居抜き物件専門の情報会社には、
単に物件情報だけを扱っている会社がある

居抜き開業事例 03

焼肉店⬇バー&バル

悪立地でスタッフや仲間との手づくり開業

「炭火串焼バル ボスとん」（神奈川県横浜市）…バル

「居抜き開業 繁盛の工夫」

①外壁や内装の床・壁・天井などの塗装を、知人やスタッフとの共同作業で仕上げた
②お客さんたちから、物心両面でさまざまな協力を得た
③人通りはほとんどないので、車からの見え方を意識して派手な真っ赤な外観にペイントし、中は丸見えにした

神奈川県の横浜市営地下鉄「弘明寺駅《ぐみょうじ》」から5分の場所に〝炭火串焼バル ボスとん〟はあります。車通りの多い県道（鎌倉街道）沿いではありますが、店前を歩く人の少ない住宅街の一角です。

店は立ち飲みにこそしませんでしたが、内外装の雰囲気はワインを中心に気楽にワ

イワイ飲んで食べる〝東京バルスタイル〟です。売りものは炭火で焼いた〝焼とん〟で、気軽に飲める大衆居酒屋的でもある10坪の店です。

この店、元は1階と2階の2フロアを使った焼肉屋でした。この物件を居抜きで借りた現オーナーは、まず2階に隠れ家Barを開店しました。

建物の1階ガラス部分のすべてにカッティングシートを貼って目隠しして、中をまったく見えなくし、店前を通る人が「何屋だかまったくわからない」外観にしました。

この建物の入り口ドアを開けて真っ暗な店内に入り、2階へ上がる階段へ向かうと、そこから〝インディ・ジョーンズの魔宮の伝説〟をテーマとしたオリエンタルな異空間がはじまります。そんなムードたっぷりの空間で、お酒と食事が楽しめる隠れ家ダイニングBarです。

1階部分は、壁で塞いで焼肉屋時代の内装を残したままにして、倉庫として使っていました。

＊1階部分を丸見えにして〝焼とんバル〟にすることを決意する

しばらく2階だけで営業していたのですが、1、2階を一括で借りていたので、家賃は1階分も払っていました。そろそろ「何かやろう!」と、1階部分の活用を考え出しました。

この立地でどんな商売をやればいいのか迷いに迷った末、「豚串を食べながらワインを飲んでワイワイ楽しめるバル」を開くことに決めました。

若者たちが横浜近郊で住みたいエリアのひとつである〝弘明寺〟という立地に合わせ、お洒落だけど若い人でも敷居が低くて入りやすい大衆的な〝焼とんバル〟です。

まずはガラス面に貼っていた目隠しシートをすべて剥がし、中が見えるようにしました。1階角地の2面全部がガラスで囲まれていた店は、目隠しシートを剥がすと厨房の中まで外から丸見えです。10坪の小さな店ですから、炭火の焼き台で豚串を焼くスタッフの姿が車からでも見ることができます。

〝店内が外から見える店〟に関しては、賛否両論あって、「暇な時間帯に中が見えるとお客さんが入って来ない」とか、店内のお客さんが「外から見られるのを嫌がる」といった意見もあって、外から見えない店のほうがいいという場合も確かにあると思います。

しかし今回は、開放的なバルスタイルということで、〝外から丸見えの店〟にしました。

＊人脈が、この居抜き開業の原動力になった

〝心を込めて、一つひとつ手づくりする店〟のコンセプト通りに、居抜きで借りた時のままだった壁や天井・床などを、学校の後輩（後にスタッフ）と2階のBａｒの常連さんに手伝ってもらいペイントしました。たまたま2階のBａｒのお客さんに、ペンキ屋をやっている方がいて、その方に指導していただきました。

店前に人通りはほとんどないのですが、車の交通量は多いので、車からの見え方を意識して真っ赤なペンキで塗装した、ど派手な外観にしました。

「バル」のよさは、手づくりの内装と相性がいいところです。居酒屋やレストランなどで、開業者自身や素人が内装をやったと話すと、「予算がなかったので妥協した」とか、「お金をケチって、手を抜いた」など、マイナスのイメージを持たれやすいのですが、不思議なことに**〝バル〟や〝カフェ〟だと、なぜか手づくりは「格好いい」とか「お洒落」と、プラスにとってもらいやすいのです。**

2階のお客さんからは、労働力の提供の他にも、現物品の提供もいっぱい受けています。トイレの温水シャワー付き便器は、住宅機器メーカーに勤める常連さんからもらった、ショールーム展示品のおさがりです。照明器具も、知り合いの電気屋さんか

ら余り物を安く譲ってもらい取り付けました。お客さんたちの物心両面でのさまざまな協力と、スタッフのがんばりで、「ボスとん」の内外装の大部分はでき上がっています。

店をつくることに参加してくれた方たちは、お客としての立場だけではなく、一緒に創り上げた仲間になります。これは、スタッフも同じで、自分で塗った壁だから、自分で取りつけた照明器具だから、愛着が湧いて大事にするのです。すべてが繁盛の原動力になります。

炭火串焼バル ボスとん
（神奈川県横浜市）

（居抜き開業）／10坪24席■神奈川県横浜市南区通町3・61・2■045-309-9401■横浜市営地下鉄「弘明寺駅」徒歩5分■営業時間17:00～24:00（L.O.23:00）■月曜定休

3章

ここだけは押さえろ！
後悔しない「居抜き開業」
物件チェックのポイント7

01 最もやっかいなのが水漏れ。事前チェックの最重要ポイント

居抜き物件で開業するときに、最も注意深くチェックする必要があるのが「水漏れ」です。

内見《ないけん》（事前に物件の中を見ること）では、2つの視点からチェックしていきます。ひとつ目が、天井や天井裏をチェックして水漏れがないかを確認すること。つまり、水漏れの被害者になる可能性がないかのチェックです。

水漏れは天井にシミをつくるので、まずは丹念に天井を見ます。内見の時にまだ照明がついていない場合もあるので、大きめの懐中電灯を必ず持って行きましょう。

天井裏は部分的に点検口から覗けるので、フラッシュ付きのカメラも持参すること。点検口を開けるために脚立（足場）が必要になる場合もあります。脚立が準備できない時には、点検口を開け、手だけ天井裏に突っ込み、カメラでフラッシュを焚いて天井裏を確認します（工事業者など専門家が一緒なら、懐中電灯・カメラ・脚立の

3つは準備してきているはずです。反対に言えば、内見にこの3つを持ってこないような業者なら工事は頼まないほうが無難です)。

上階が飲食店など、厨房があって水を流している場合は特にチェックが必要ですし、外壁から雨水が浸入している場合もあるので、天井裏の外壁内側なども要チェックです。

2011年の震災から、水漏れトラブルが急増した

2つ目が、下に店や駐車場や貯水槽などの設備がある場合は特に、床が水漏れしていないかをチェックすること。2章でも書いたように、床からの水漏れは排水管や防水層がからんでいる場合が多く、直すとなると費用も時間もたっぷり掛かります。

2011年3月の東日本大震災以降、東京圏でも水漏れのトラブルが急増しました。あれだけビルや建物が揺さぶられたのですから、配管が外れたり、コンクリートに亀裂が入って水漏れの原因になっていたとしても当然と言えます。

水漏れを起こす厨房の床はすべてモルタルに覆われていて、その中を見るには厨房機器をすべてどかして、モルタルの床を剥がさなければなりません。

実際に、何年か営業した飲食店を壊して厨房の床を剥がすと、水が床下にたっぷり

と溜まり、水槽のようになっていることがほとんどです。これは厨房の掃除などの時に撒いた水が、モルタル床に染み込んで、一番下の防水槽に溜まった状態になっているのです。ある意味、しっかりと防水されていた結果とも言えます。

少しでも水漏れの可能性があれば、不動産会社に確認してもらい、対処する必要があります。時には借りるのをやめる理由になります。

なぜこんなに水漏れに神経質になるかと言うと、水がどこから来て漏っているのか、その経路や原因がほとんどの場合、見つけられないからです。契約時に気づかずに居抜き物件を借り、改装工事中に水漏れが発見されると、水漏れの原因は自分たちの工事のせいになり、さらに大掛かりな工事・多額の費用が掛かってしまいます。

まとめ

内見でのチェックポイントは、まず天井裏と厨房の床からの水漏れ。このとき発見できなかったら、大工事という後悔が待っている

02

近隣とのトラブルは圧倒的に音と臭い!煙の処置をどうする?

特に、前飲食店が軽飲食の居抜き物件で、あなたが重飲食の店をやる場合は、排気設備のチェックを慎重にやる必要があります。

排気方法も、喫茶店などの軽飲食の店であれば、ビルとビルの間に換気扇をつけて煙や熱を外に出してあげるだけでいいかもしれませんが、串焼き屋・ラーメン店・カレー店などの重飲食店だと、ビルの屋上まで配管ダクトを取りつけ、大型のモーターを設置して、煙・熱や臭いを屋上から出す必要があります。

なぜなら、開業後の近隣とのトラブルの原因で圧倒的に多いのが、「音」と「臭い」の問題だからです。

しかし、たとえば5階建てのビルの屋上までダクトを通さなければならないとなると、その設備工事費に100万円を超える費用が必要になります。

屋上まで排気を持っていけない場合は、臭いや煙を除去するための機械が必要になります。この除去装置は高額ですし、除去フィルターの定期的な交換などのランニングコストもばかになりません。さらに、炭を使って焼くような業態ならなおさら、そのまま外に煙を出すわけにはいきません。

居抜きで開業費用が安くなるから借りようとしているのに、排気設備だけで多額のお金が掛かるようでは本末転倒です。

排気ダクトの音などの機械音もチェックしておくと間違いありません。

「煙」や「臭い」の問題は、本当にやっかい

飲食店が密集したエリアで、煙をモウモウと出して営業している串焼き店などを繁華街で見ることがあります。なぜ、近隣とトラブルにならないのかというと、こういった店は何十年も前から同じやり方で営業している老舗です。隣近所にいくら煙や臭いが行ったとしても、前からこのやり方で営業しているところへ、後から引っ越して来た人に文句を言われる筋合いはないのです。つまり、煙や臭いに対して既得権が発生しているのです。

これから新しく店を開くあなたの場合は、そういうわけにはいきません（前と同じ業種・業態であれば、そのままでも大丈夫の可能性はありますが、それでも経営者が

変わる時には「排気を屋上まで持っていってくれ」と言われることは珍しくありません)。

たとえば、飲食店が密集する場所で隣が鮨屋であれば、串焼き屋の煙や臭いに「営業妨害!」とクレームがくるかもしれません。鮨屋と逆方向へ煙を吹き出すように排気したとしても、風の流れは気ままなもの。北へ吹く時もあれば、南へ吹く時もあります。排気口の方向を変えただけでは解決しません。やはり、ビルの屋上までダクトを上げて、空に向かって排気する設備をしなければならなくなります。

こうしたケースで裁判になり、閉店した例もあるので、事前の確認は欠かせません。

まとめ

元喫茶店などの軽飲食の居抜き物件を借りる場合は臭い・煙をどこに出せるかを必ずチェックすること

03

排気だけでは足りない。給気にも意識を向けろ！

排気は内装工事の中でもお金が掛かる設備のひとつです。高額な造作譲渡料を払う理由が、「排気設備がしっかりとついているから」という場合も少なくありません。

このように排気設備は気にしていても、見落としがちなのが「給気」設備です。居抜き物件を見に行った時に、出入り口のドアが重かったり、すきま風が音をたてていたり、店内にトイレの臭いがするようならば、外から店内に入る空気量、つまり「給気」が足りておらず、後から工事が必要な物件だと判断できます。

よくある「出入り口のドアの開け閉めが重い」原因は、ほとんどの場合、給気が足りていないことにあります。引き戸を開けるとドッと風が入ってくるのも、戸の隙間からピューピュー音がするのも、すべて給気が足りていないのが原因です。

たまに、トイレの消臭剤の臭いが客席に漂っている店がありますが、これも給気が足りていないことが原因です。

店内に給気が足りていないと、外とつながっているすべての場所から全力で空気が店内に入ろうとします。トイレの排水管も例外ではなく、そこに溜まったトイレの臭いも空気と一緒に店内に入ることになり、「店内がトイレ臭くなる」のです。

とりあえずの対処として、戸を開けっ放しにしたり、裏口(勝手口)のドアを開けっ放しにしたりするのですが、冬は冷気が店内に入ってきて寒いですし、夏は熱波が入ってきて暑くなり、居心地の悪い店の原因となります。

出入り口ドアの重さや、すきま風の音、トイレの臭いは要チェック

実際の店では、厨房の中に壁の開口部やドアから「自然給気」している場合が多いのですが、冬には冷たい空気が入ってきて寒いので、スタッフが開口部を塞いでしまっていることが圧倒的に多いのです。これではいくら、給排気のバランスを考えて店がつくってあったとしても意味がありません。スタッフが寒くて塞ぐような位置に給気口がついていても役に立たないのです。

大型のモーターを回して、厨房から出る煙・熱や臭いを強制的に店の外に排気しているのですから、今度は店の中に強制的に空気を大量に入れる必要があるのです。

それなのになぜか給気は「自然給気」と称して、ただ壁や入り口上部に開口部を設

けるだけで強制的に空気を入れようとしないので、結果として空気が足りていない飲食店が多くなっているのです。

自然給気だけでなく、給気専用に設備したモーターを回して、強制的に空気を天井裏に入れ、天井には給気口（吹き出し口）を何ヶ所も取りつけて分散して空気が店内に入るようにバランスを取ることが必要です。

居抜き物件では、強制的に給気をする設備ができているのに、塞いでしまっている場合もあります。もったいないことで、この点も内見の時に要チェックです。

まとめ

「出入り口のドアが重い」「すきま風の音がする」「トイレの臭いがする」。そんな店は給気不足で居心地の悪い原因になっている

04

建物の新しさに惑わされるな！古い建物のほうが狙い目

自分の住む家を探すのならば、新築できれいな建物ほど魅力的だと思います。誰だって自分が住むのに、わざわざ古くて汚い物件など探す人はいないでしょう（家賃の安さが最優先で、古くて汚い物件をわざわざ探す人はいるかもしれませんが）。

しかし、これが飲食店物件となると話はまったく別です。懐かしさを売り物にする和風居酒屋などは、木造の古い建物のほうが雰囲気が出て、古さが集客の理由になります。築何十年の木造の建物を居抜きで借りて、天井を開けてみると、昔ながら木の梁がいい感じで見えて、何とも言えない風情を醸し出すことも珍しくないのです。

あなたのやろうとしている店が、普段使いの大衆的な店なら、古くて適度に汚いほうがお客さんは入りやすいのです。普段使いの店が新築のきれいな建物だと、「何となく落ち着かなくてリラックスできない」と言う人は多いのです。

つまり、客層やお客さんの使い方によっては（普段使いの大衆店など）、古くて適度に汚い店のほうが繁盛することもあるのです。

映画「三丁目の夕日」のような昭和三十年代の雰囲気を残す建物などは、ノスタルジックな想い出を求める中高年をターゲットにした店だとしたら魅力的です。

それに、古い建物の場合、内外装工事への制約がほとんどない場合が多いので、自由にデザインしやすいのも魅力です。「もう古いから借り手が少ないし、そう長くは持たない建物だからお好きにどうぞ」と大家さんが思っているのかもしれません。

何より、居抜き物件ですから、古さを活かせれば活かせるほど、内装への新たな投資が少なくてすみます。家賃は古い建物のほうが安いので、古さを活かせる居抜き開業はいいことずくめということになります。

新築間もないきれいで立派な建物には注意が必要

逆に、新築の外壁などにお金を掛けた、きれいで立派な建物には注意が必要です。建物全体のイメージを守ることを優先し、個々の店が目立ちすぎないよう、外観の演出に制限を設けている場合が多いのです。前の店の看板が控えめなものだったとしたら、それは大家さんからの条件の場合が多いのです。

看板の大きさを制限されたり、外壁のデザインや色・スペースを制限されたり、時には使う素材までチェックされる場合があります。

きれいな建物の物件が居抜きで出たと喜んで飛びつくと、痛い目に遭います。もしかしたら、前店舗がうまくいかなかった原因は、「きれいすぎる建物」にあるかもしれないのです。きれいな建物の店だと、落ち着かなくてリラックスできない人も多いのですから。

契約前に、簡単な外観のスケッチ画を大家さんに提出して、どこまであなたの自由にデザインさせてくれるのか確認しておくことも大事です。

まとめ

どんな店にしたいのか、を決めることがまず大事。安心して落ち着ける店を望む人も多いので、古い建物のメリットはたくさんある

05

分譲マンション物件の外壁は、勝手に工事することはできない!

分譲マンションの居抜きテナント物件で開業する時の注意点は、**外観はすべてマンション所有者全員の共有部である**ということです。

あなたが借りようとする物件の所有者（大家さん）は、その部屋を区分所有しているわけですが、その区分所有している部屋の外壁も、マンション所有者みんなのものです。

ずいぶん前ですが、分譲マンションのテナント物件を居抜きで借りた方の店で、老朽化した外観だけでも新しくイメージチェンジしようと工事をはじめたら、マンションに住む人から怒鳴り込まれたことがあります。

もちろん、工事に際しては変更点の内外装のパース（でき上がり想定図）や図面を大家さんに提出して、工事内容・デザインに関してOKをもらっていました。マンションの管理人さんにも、工事工程表や内外装のパースを提出してあり、手続きは完了していました（いや、完了したと思っていました）。いつものように工事の開始にあたっては、隣近所には手みやげを持って事前に挨拶に行ったのですが、怒鳴り込んで来た方だけ不在で、直接挨拶できていなかったのです。

分譲マンションの外観（外壁など）は、すべてマンション所有者全員の共有部であり、その変更や工事に際しては、管理組合員（住民）の三分の二以上の同意を得なければならなかったのです。

賃貸手続きは「これでもか」というほど慎重にやる

マンションの管理人さんも、大家さんもそのことを知らずに、私たちも今回部屋を借りる大家さんへの確認とマンションの管理側への書類提出だけで、手続きはすんだと思っていたわけです。

それから2回、3回と、管理組合の同意を得るための会議が続き、工事は1ヶ月以上ストップしました。管理組合員（住民）の三分の二以上の同意を得るといっても、投資のために部屋を所有していてそこに住んでいない人や、高齢の方など住民はさまざまで、集まることさえなかなかむずかしい状態でした。

大家さんとマンションの管理側の確認ミスだったこともあり、何とか住民の合意を取りつけて店は開業することができたのですが、開業は約2ヶ月遅れ、大きな回り道をすることになりました。

この話は、分譲マンションでの居抜き開業という特殊な例かもしれませんが、大家さんや仲介業者との連絡漏れや、「言った、言わない」の行き違いは、意外に少なくないものです。

看板などの取りつけで外壁部に穴を空ける必要がある時の現状復帰の決まりごとや、設置されていたエアコンの修理点検の費用負担をどうするかなど、細かいことでもハッキリと決めておいたほうが安心です。

面倒くさがらずに、疑問点は具体的に一つひとつ事前確認して、重要なことは不動産契約書の特記事項に入れるようにしましょう。

まとめ

分譲マンションの居抜き物件は手続きが面倒なことも。大家さん、管理組合の了承はもちろん、細かい決めごともハッキリしておく

06

上下水道の設備がなくて、井戸や浄化槽を使っている場合もある

地方都市では上下水道が整備されていなくて、水道の代わりに井戸であったり、下水の代わりに浄化槽が使われている場合が珍しくありません。

居抜き物件なので浄化槽だった場合でも、当然のように「そのまま使用できるもの」と思い込むと失敗します。なぜなら、居抜き物件として出た理由が、その浄化槽が原因の場合があるのです。

どういうことかと言うと、2章でも書きましたが、前経営者が店を手放した理由が「浄化槽が壊れたこと」という場合があるからです。浄化槽は修理に多額のお金が掛かりますし、もし入れ替えなければならないとなると、数百万単位のお金が必要になります。とても、「居抜きでコストダウン」どころの話ではなくなってしまいます。

飲食店で使われる浄化槽のように大型のインフラ設備は、基本的には大家さんの持ち物として、修理する費用などは大家さんに負担してもらうべきものです。契約前に、

使用できるかどうかのテストをして、もし修理や清掃が必要な状況であれば事前に大家さんの負担で、やってもらえるよう交渉します。

また浄化槽は、都道府県の指定する検査機関で定期的に水質検査することが法律で定められているので、その検査資料を確認するようにします。

水道がなく、井戸を使用する場合も、事前に水質検査確認を保健所でしておきます。今は、井戸は電動ポンプで汲み上げているので、機械に故障がないかどうかも契約前に調べておきましょう。

プロパンガスが使えると初期投資が減らせる

場所によっては、都市ガスが設備されていなくてプロパンガスを使用するケースもあります。プロパンガスは都市ガスと比べ値段も安く、時にはプロパンガスの契約をするとガス設備設置費用をプロパンガス会社が持ってくれることもあります。

これはなぜかと言うと、プロパンガス会社は民間の燃料会社なので市場原理が働き、価格競争力やサービスで仕事を取ろうとする営業活動をしているからです。

都市ガスが利用できる場所でも、中華料理店やラーメン店など、ガスの使用量が多い店では、わざわざ燃料費の安いプロパンガスを選ぶ店もあります。

居抜き開業でお金を掛けずに開業をめざしているのですから、ガス設備設置費用が無料になれば助かります。初期設備費を安くするために、エアコン設備もガスにした方もいました。もちろん、プロパンガス会社も商売ですから「ガス設備設置費用は持ちますから、3年間はウチからLPガスを買ってください」といった条件がついてきます。

前店が軽飲食の居抜き物件で、あなたが重飲食の店をやる場合は、ガスの使用量が増えます。すると当然、ガスボンベの設置場所も今まで以上に確保しなければなりません。こうしたことも忘れずに確認しておきましょう。

まとめ

井戸や浄化槽を使っている。
都市ガスではなくてプロパンガスである。
地方都市ではこうした確認事項がある

07

同一業種・業態だけが競合店ではない。同一客層の店もチェックしろ!

たとえば、串焼き居酒屋を開業しようとする人が物件を見に行くと、近隣の串焼き屋や居酒屋ばかりが気になるようで、業種や業態が同じ店だけを調べてきます。

もちろん、同一の業種・業態の店が同一の商圏にあれば競合店になるわけですから、お客さんの入り状況は気になるでしょうし、商品力・価格や接客レベルを調査するのは当然のことです。

しかし、**競合店とは同一業種・業態の店だけでなく、同一客層の店も含まれます**。

あなたがお客さんの側に立って考えればわかります。「今日は串焼きを食べに行こう」と決めて外食する時もあれば、「今日は飲みに行こう」と漠然と思って出かけることもあるでしょう。ピンポイントで「何を食べたい」「飲みたい」とハッキリ決めずに飲食店に向かうお客さんがいるということです。

そう考えると、あなたが来てほしいと思っている客層が行く、利用目的が同じ飲食店は、すべて競合店になります。

　この例の串焼き屋が20～30代の男女を客層に想定しているとしたら、同じ商圏にある20～30代の男女に人気のお好み焼き屋も競合店になるのです。

　現地調査する時には、同一客層の店についても、お客さんの入り具合や、商品力・価格帯・接客レベルをしっかりと調べます。

別ターゲットの繁盛店や、老舗繁盛店に惑わされるな！

　競合店と書くと「敵」というイメージがあるかもしれませんが、ここで書いているニュアンスは、出店を検討するに際しての「わかりやすい参考店」といった意味です。

　現地調査に行った時に、競合店のお客さんの入り具合をチェックするわけですが、同一客層の繁盛店があれば、そのお客さんがあなたの店にも来てくれる可能性があります。ただし、その店がマスコミに取り上げられるような有名店の場合や、価格帯（客単価）が大きく違っている場合は参考になりません。

　別の客層で繁盛している店も当然、あまり参考になりません。今回の例のように、20～30代の男女を狙った店にとって、10代の若い人が集まる繁盛店や、年配の人ばかりが客層の繁盛店は、あなたの店の繁盛とはあまり関係ありません。

その他にも、若干客層が重なっている店でも、長い歴史のある老舗で、古くからのお客さんを数多く抱えている繁盛店が近くにあったとしても、あなたの店に来てくれる可能性は極めて低いのです。

こういった店のお客さんは、遠くから電車を乗り継いででも、その老舗目当てに来ているからです。

つまり、近くに老舗の行列店があったからといって、そこが集客力のある場所とは限らないのです。長い期間を掛けて獲得した信用と顧客を持つ老舗のようになるには、やはり長い時間が掛かるのです。

まとめ

ターゲットとしたい客層があるのなら、業種・業態は違っても、その客層に人気のある店の商品力・価格帯・接客レベルを調査しよう

居抜き開業事例 04

焼肉屋→素揚げ居酒屋→和牛焼肉屋

客単価を1・5倍に上げた店にして開業

「炭火焼肉いちけん」（東京・板橋区）…焼肉屋

「居抜き開業　繁盛の工夫」

①「和牛の一頭買い」で、地下まで来てもらうインパクトのある店の特長をアピール
②肉をガッツリ食べる人には特に手厚くサービス
③地下の店なので、地上1階部分の看板に集中してコストを割いた

「脂ぎってる俺だけど　とびっきり美味しい焼肉を　腹いっぱい食べてもらい　みんなを　笑顔にするのが夢なんだ。」そんな焼肉ポエム（？）を1階から地下へおりる階段の壁に大きく表示した店が〝炭火焼肉いちけん〟です。

オーナーは焼肉職人歴20年のプロフェッショナルで、はじめて勤めた飲食店が地元の有名繁盛焼肉店だったというから筋金入りです。

その後も、高級焼肉チェーンの料理長を任されたり、新店の立ち上げを担当したりしてキャリアを積んできました。独立直前には、居酒屋や串揚げ専門店の調理も経験し、焼肉以外の料理も提供できるようにして独立開業に備えました。

＊やめるはずの居抜き物件の主人が、「やめたくない」と言い出した

独立開業のきっかけは、土地勘のある地元の駅近くに居抜きの手頃な物件が出て、「そこで店をやらないか」と、知人から紹介された不動産屋から声を掛けられたことでした。

私にも、そのタイミングで「いちけん」のオーナーから開業プロデュースの依頼があり、その時やろうとしていた「韓国鍋料理の専門店」の資料を集めたり、同じ商品を出す店に食べに行って調査をはじめていました。

オーナーも、働いていた焼肉店に退職の話をして、この地元の居抜き物件での開業準備をはじめようとした矢先でした。ところが声を掛けてくれた不動産屋が、「店を閉めるので、造作を買う人を探してくれ」と言っていた物件の主人が、「店を閉めるのやめた」と言い出したと言うのです。

準備を進めていた私たちからすると大迷惑な話ですが、まだ契約書も取り交わしていなかったので、クレームのつけようもないというのが実のところでした。居抜き物件の造作譲渡は、何があるかわかりません。

事前に契約書を取り交わすことがほとんどないので、お金のやり取りをする最後の最後まで安心できないのです。

この後の物件探しは難航して、開業にこぎ着けるまでに1年半を要しました。都内各所の物件を、元焼肉店に限定せず数十件検討しましたが、「帯に短し襷に長し」で、予算が合わなかった物件もありますし、検討した結果、こちらから断わった物件も数多くありました。

＊物件の面積が大きすぎるのが難点

この「いちけん」を開業した物件は、借りるかどうかをしばらく迷っていました。この物件が居抜きで出た理由は、地下であることと、店舗面積が大きすぎることの2点でした。35坪を超える大きさは、企業が経営するチェーン店の規模とすると〝アリ〟なのかもしれませんが、個人がはじめてやる店としては大きすぎるサイズです。地下の物件ですが35坪超と広いので、家賃は50万円以上、月々の家賃負担を考えると、焼肉職人歴20年のプロの開業とはいえ検討の時間が必要でした。

最寄り駅からは1分の好立地なのですが、東武東上線の「ときわ台駅」は各駅停車しか停まらない住宅街の駅で、大きな会社はありません。平日、昼の需要は見込めません。

迷いに迷ったのですが、借りることにした決め手は、この居抜き物件が居酒屋の前が焼肉店だったことでした。

焼肉店は各テーブルに排気設備が必要で、内装設備にお金が掛かる飲食業種の筆頭です。排気をすれば給気も必要ですし、熱量が高くなるわけですから、エアコンも強めに効かせる設備が必要になります。排気だけでなく空調設備全体でお金が掛かるのです。

＊そのまま使える設備が多い＝同業の店がうまくいかなかった場所

この物件は、フランチャイズで焼肉店を長くやっていた企業が、居酒屋に改装して数年で撤退した物件でした。都合のいいことに、テーブルは無煙ロースターが仕込まれたままで、上に天板を貼りつけているだけで、その天板を剥がせば無煙ロースターが露出する状態でした。オーナーのつき合いがある業者さんに、まだ使えるかどうか確認したところ、オーバーホールすれば問題なしということで、借りる方向に大きく傾きました。

逆の見方をすれば、**そのまま使える設備が多いということは、自分がやろうとしている店と同業でうまくいかなかった場所**だということの証明でもあります。

今回は、客単価が３０００円ほどのフランチャイズ焼肉屋が撤退した後だったわけですが、「いちけん」は客単価４５００円の和牛焼肉店で、同じ業種・業態ではありましたが、狙う価格帯が大きく違うので、あまり心配はしていませんでした。予想通り、前の焼肉店とは違う客層のお客さんが来ています。

原価率の高い圧倒的な品質と味の和牛を使い、お客さんの評価の高い店になっています。

炭火焼肉いちけん
（東京・板橋区）

（居抜き開業）／35坪・50席　■東京都板橋区常盤台1-2-3 新光常盤台ビルB1（東武東上線ときわ台駅1分）■03-6454-9029■営業時間17:00～24:00（L.O.フード23：00ドリンク23：30）

4章

居抜き開業だからこその繁盛店のつくり方

01 少ない資金ですむ居抜き開業の繁盛法は、コストバランスにあり！

居抜き開業が支持されている最も大きな理由は、開業資金が少なくてすむことです。当然、その最大メリットを享受して繁盛店にしなければ意味がありません。せっかく居抜き物件を手に入れても、まっさらな状態＝スケルトンから店をつくるようなお金の掛け方をしていたら、居抜きを選んだ意味がありません。

しかし、店に来るお客さんは、その店が居抜きだろうがスケルトンからつくった店だろうが関係ありません。自分の希望に合った、魅力的な店に行きたいだけです。ですから、居抜きでも、スケルトンからつくった店に負けない魅力をつくり出さなければなりません。

限られた資金での居抜き開業で、ゼロからお金をたっぷり掛けた店に負けないためには、「どこにお金を掛け、どこにお金を掛けないか」というコストバランスが、とても重要になります。

「どこに集中してお金を掛けるのか？」を決めること

限られた資金を家賃や保証金などの物件取得費に大きなウエイトを割いて「立地重視」でいくのか、あるいは店の内装はそのまま使って、外観や看板に集中してお金を掛けることで、店を目立たせ「認知度を高める」ことにウエイトを置くのか、逆に外観の変更や看板の製作にはお金を掛けず、内装部分にコストを集中して「雰囲気・居心地のよさ」にウエイトを置くのか、さまざまな方法があります。

お勧めできないのは、少ない予算を均等に少しずつ掛けることです。居抜きの活用で限られた条件の上に、家賃の安い場所に中途半端に費用を掛けたチープな店をつくってもろくなことはありません。

どこかに集中してお金を掛けるということは、どこかにお金を掛けないということに他なりません。優先順位をつけて、重要なことに集中し、重要度の低いものは「諦める」「切り捨てる」という判断が、居抜き開業では求められます。

すると、その諦めた部分が面白さになったり、特長になったりすることがあります。

たとえば、立地にこだわって駅前の元立ち食いそば屋の物件を借り、ほとんど外観・内装に手をつけず、立ち食い焼肉屋にしたら、「立ち食い＋焼肉」が面白がられて繁

盛店になった例がありました。他にも、
・思い切って看板をなくしたら、「看板のない店」として面白がられた
・家賃のメチャクチャ安い、店前交通量がまったくない路地裏に雰囲気たっぷりの内装の店をつくったら、「隠れ家の穴場店」として評判になった
・内装にお金を掛けられなかったので店内を暗くして照明を蝋燭の明かりにしたら、すごく雰囲気が出て「カップル店」として話題になった
といった成功例があります。
居抜き物件であることをマイナスと捉えるのではなく、「個性」として活かすことを考えてアイデアを出し、結果として限られた条件の居抜きだからこそ面白い店になることがあるのです。

まとめ

少ない予算を分散して使うのが一番の悪手。限られた予算だからこそ集中して使い、居抜きならではの個性とアイデアで勝負！

02 居抜き開業だから、デザインの工夫やアイデアで差が出る

意外に思われるかもしれませんが、**実は居抜き開業のほうが、店をつくる際のデザイン力が問われます**。

スケルトンの状態からデザインし、設計図面を引く時は、「制約が少ない中でデザイン・設計ができるので、やりやすい」というのが、デザイン・設計する側の本音です。居抜き開業の場合は、すでにある店舗レイアウトや条件の中で、いかに繁盛する店をつくるかというアイデアが求められ、それを図面に落とし込む能力が求められます。その点が、居抜きの店のむずかしさです。

居抜き開業する時は、造作譲渡を受けた部分に関しては、できるだけ残してデザイン・設計（工事）するのが基本です。現存している設備をいかに活用するか、そしてなおかつ、来てくださるお客さんに、残した部分も面白いと思わせるようにつくり変えなくてはなりません。

そこがデザイナー、設計者の腕の見せどころになるわけです。

居抜きだからこそアイデアの差が出る

たとえば、居抜きで借りた店の床がコンクリートの打ちっぱなしで、部分的にボコボコと荒れた状態になっていたとします。そんな時には、あえて荒れた床の状態を利用して、「戦後闇市のバラック店」を内装デザインコンセプトに、昔ながらの裸電球の照明にドラム缶のテーブル、ビニールの丸椅子を並べただけの大衆的な雰囲気の店にします。すると、荒れた床が〝味〟になって面白さも出てくるのです。

あるいは、前の店で使っていた壁のレンガが残っている場合には、「港町の倉庫跡にある店」を内装デザインコンセプトにして、古いレンガ壁を活かした店にデザインするといったふうにします。

居抜きの店にあるものを利用、活用しようという発想の中で、新たなデザインアイデアを出せば、工事費は安くすることができます。

立地にこだわって、駅近くの元たばこ屋の小さな物件を借りて立ち飲み屋を開業した時には、物件取得費にお金を使ってしまい、ほとんど工事にお金を回せないので、外観・内装には手をつけず、そのまま「たばこ屋で立ち飲む店」としたら、そのミスマッチな内外装が面白がられて集客につながったこともありました。

古いから、汚いから、あるいは、自分が考えていたデザインとは合わないからといって、内装を全部壊してしまうような柔軟さのない考えだと、居抜き物件で面白いデザインはできません。

スケルトンではなく、居抜きならではの、今あるものを使わざるを得ない、その状況の中で出てきたアイデアが逆に面白く、お客さんに意外な印象を与えて、店の繁盛につながる場合が非常に多いということを理解しましょう。

まとめ

居抜きの店にあるものを利用する、活用するという発想がなければ、「居抜き開業」の利点が活かせず、店の魅力も生まれない

03

立地の事前情報が手に入るのが、居抜き開業の大きなメリット

立地の事前情報を知ることができるのは、「開業資金が少なくてすむこと」の次と言ってもいいほどの、居抜き開業の大きなメリットです。

あなたが契約しようとしている店の情報、つまり「まだ営業していた時の経営状態」を知ることができるのです。店の経営状況（売上や客単価、来店客数など。シーズン別・曜日別・時間帯別などの来店状況）や、客層（男女比・年齢層）、来店客の単位（1人客か、カップルか、家族か、グループ客か）などを知ることができる可能性が、居抜き開業の場合は高いのです。

居抜きの造作取引の時には、前経営者とお金のやり取り（造作譲渡）をするので、前経営者本人と直接、話をする機会が設けられるのが普通です。

居抜き物件は、多くの場合、失敗して閉店したケースですし、それに前経営者は少しでも高く造作を売りたいと思っているはずなので、あまり悪い情報は言いたくない

だろうと思うのですが、実際には「いいことも悪いことも」正確な情報を教えてくれる経営者が多いのです。

中には、営業していた時の売上データを見せてくれる方もいて、借りる側が驚くほどくわしい情報を得られるケースも珍しくありません。

前経営者以外にも、前の店の情報は近所の店舗などを回って聞くことができます。近隣の店舗の方は、こちらが想像する以上に多くの情報を提供してくれるものです。なぜなら、空き物件の状態が長く続くと一帯のイメージが悪くなるからです。

近所のコンビニやドラッグストア、花屋さん、美容室、100円ショップなどに、前の店の評判やエリアの情報をさり気なく聞いてみましょう。親切に教えてくれる人がきっといます。

立地の事前情報から、ターゲットや経営戦術を定める

たとえば、ランチ営業に重点を置く店を開くなら、12〜1時までの時間帯だけ混む場所なのか、1時以降もお客さんが入っていたか？　あるいは12時前にも入っていたのか？（何時から入るのか？）アイドルタイムにもお客さんが入る場所なのか？などの情報が入ると、開業前の売上計画の参考になり、開業計画の精度が高くなりま

曜日別営業状況シート

店名	いっぱち	業種業態	串焼き居酒屋	席数	40

20××年　9月7日　～　9月13日　　　夜のみ営業　日曜のみ定休

曜日別		客数	客単価	売上	客層	男女別
月曜日	昼					
	夜					
火曜日	昼					
	夜	20	2,500	50,000	サラリーマン 20才～50才代	男性8:女性2
水曜日	昼					
	夜	25	2,500	62,500	サラリーマン 20才～50才代	男性8:女性2
木曜日	昼					
	夜					
金曜日	昼					
	夜	40	2,800	112,000	サラリーマン 30才～50才代	男性9:女性1
土曜日	昼					
	夜	15	2,500	37,500	地元住民、サラリーマン 30才～50才代	男性6:女性4
日曜日	昼					
	夜					

す。右の、「曜日別営業状況シート」などを活用して、情報を集めましょう。

さらに、なぜ前の店がうまくいかなかったのか、その原因を知りたいものです。周辺の店舗や、前経営者から聞いた情報の中から、その要因を知ることができるかもしれません。たとえば、前の店がお酒を提供していて接客のウエイトの高い店なのに、前経営者がお客さんとのコミュニケーションが不得意だったら、経営不振の原因はその接客姿勢にあった可能性もあります。あなたのコミュニケーション能力が高ければ、その場所は非常に魅力的なロケーションかもしれません。

その逆に、前の店主がコミュニケーション力や接客能力が高かったのに、店の経営がうまくいかなかったとすると、経営不振の原因はどこにあったのか、商品なのか？ 雰囲気なのか？ 価格設定なのか？ よく見極める必要があります。

まとめ

前店舗をなぜ売りに出してしまったのか、その理由を前経営者や周囲の店の人たちから聞くことができれば、繁盛店づくりに活かせる

04

前店舗との違いを明確に打ち出せ！マイナスイメージを逆転させる方法

ほとんどの場合、居抜き物件には、繁盛していなかった前店舗のマイナスイメージが、周辺の住民や近くで働く人たち、店前を通行する人たちの頭に刷り込まれています。この印象を変えなければなりません。

業種・業態が変わるとイメージも変えやすいのですが、居抜き開業では前店舗と同じ場合が多く、がらり一変とはなかなかいきません。だからこそ、あらかじめ計画して、前店舗との違いをより明確に打ち出す必要があります。

そこで「前の店のお客さんが店に来なくなった理由を探り、解決すること」が、最も効果的な来店促進策になります。うまくいかなかった理由にこそ、繁盛のポイントが隠されているのです。

まずは、うまくいかなかったポイントをしっかりと把握しなければはじまりません。前経営者や近隣の口コミ情報、インターネットでの評判などで、前の店がうまくいかなかった理由を調べた結果、「接客に問題あり」となった場合であれば、新しい店では「この街一番の心配りの店」を目標にし、前の店の弱かった部分を改善し、強くして打ち出していくことが繁盛につながります。

前の店がうまくいかなかった理由を集中的に改善する

前の店のイメージが「暗い汚い店」だったなら、「明るく清潔でクリーンな」イメージを前面に押し出します。

たとえば、壁や天井などの内装は、白色を多く使って清潔感溢れる雰囲気にして、照明も明るめに調整します。掃除にも力を入れて、店内だけでなく、店外も毎朝、自分の店前だけでなく向こう三軒両隣の前まで掃除をして、「この街で一番、清潔に意識を向けている店をめざす」という意志をアピールすると効果的です。

特に、前の店舗が同一の業種・業態だった場合には、メイン商品の味や見せ方・魅力のアピールなどの「商品力」に対するマイナスイメージを払拭することは絶対に必要です。

たとえば、前の店が焼鳥屋で、だめになった理由の一番が「まずかった」なら「おいしい店」へ。「値段が高かった」なら、「割安感」あるいは「納得できる値段」にすることに重点を置きます。「品揃えが貧弱だった」のなら、「幅を持たせた品揃え」や「とびっきりの目玉商品の開発」がテーマになります。

一番弱かった部分を集中的に改善することで、違いが際立ちます。「この店は前の店とはまったく違う店です」ということを打ち出しやすいのです。

マイナスイメージをプラスに逆転できれば、違いが際立って繁盛店への近道になるのです。

突き詰めて言えば、前の店の経営がうまくいかなかった要因を明らかにして改善し、その逆のことを重点的にアピールすれば繁盛するということです。

まとめ

前店舗がうまくいかなかった
マイナス部分にこそチャンスが隠れている。
弱点のイメージを一変させることが繁盛のポイント

05

業種・業態が同じでも、価格帯が違えば別ターゲットになる

居抜き開業では、前店舗と同一の業種・業態の場合が多いのですが、商品の価格帯（客単価）が違うと客層やターゲットが変わり、別の業種・業態の店と同じような考え方でプランを進めることができます。

例として、前店舗が「低価格を売りにするラーメン店」で、あなたは同じラーメン店でも、「こだわりの味を売りにする専門性の高いラーメン店」で開業する場合を想定して説明しましょう。

同じラーメン屋でも、価格帯が違えば「利用する理由」が変わります。前の店が低価格を売りにする「ついでラーメン店」で、あなたの店が、少し高めの価格帯の専門性の高い「こだわりラーメン店」だとすると、まったく違った客層やターゲットのお客さんを狙うことになります。

「ついでラーメン店」の来店客数は店前通行量に大きく影響されますが、「こだわり

ラーメン店」ならば、わざわざ遠くから来てくれる人もいるので、商圏が広がります。「ついでラーメン店」の時には意識しなかった、コインパーキングとの距離など、遠方から来る車客を考慮する必要も出てきます（コインパーキングを利用した方には、「100円引き」や「トッピング無料」といった特典をつけることも考慮）。

前の店との違いをはっきりさせるために、自家製麺の店にするのも一案です。手づくり感を出して麺へのこだわりをアピールし、「麺大盛無料」など、自家製麺だからこそできるサービスを実施して、前の店との違いを強調します。

ラーメン店の場合はさらに、ラーメン自体のカテゴリー（スープなどの種類）が変われば、ターゲットも変わります。「ラーメン二郎」のようなガッツリ山盛りのラーメンなら学生、細麺の繊細な支那そばなら30〜40代の主婦といったように、店の狙いしだいで客層ターゲットが変わってきます。

価格帯が大きく違う場合は新しいターゲットのお客さんに絞り込む

価格帯が大きく違う場合は、業種・業態が同じだったとしても、まったく別の業種・業態の店をやるように取り組んでかまいません。

つまり、前の店の失敗を参考にするにしても、それほど気にしなくても大丈夫だということです。

前の店に来てくださっていたお客さんにも、もちろん来てほしいですが、うまくいかなかった物件ですから、まったく新しい新規のお客さんを集める・創り出す気持ちで臨むことです。

価格帯が大きく違う場合は、新しいお客さんに来てもらって、前の店のお客さんも引き続き来てほしいとなると、どっちつかずの店になりがちです。ここはスッパリと、前の店に来ていたお客さんは諦め、新しいお客さんを集めることに絞り込んだほうが繁盛します。

まとめ

同じ業種の店を開くにしても、客層を変えて新しいお客さんを開拓することをめざせば、繁盛店の可能性も開けてくる

06

店の印象を変える最重点事項は、顔（ファサード）を変えること

もし私が、「少額の予算しかありませんが、居抜き開業で店を繁盛させるためにはどこにお金を使うといいですか？」と聞かれたら、間違いなく「外観を変えることにお金を使いましょう」と答えます。

店舗の外観、「見た目」を大きく変えるのです。店名はもちろん変えるのですが、店のマーク、ロゴタイプ、看板の素材やつけ方も大きく変えるのです。

新しい店名のマークやロゴタイプを効果的に使うと、看板を変えただけでもガラッと顔（ファサード）の印象を変えることができます。

さらに看板の形や提示方法、仕様を変えます。たとえば、前の店の看板が木製で外側から照明を当てるものだったなら、新しい店の看板は中から明かりを照らすアクリルボックスの内照式の看板に変えるといった方法です。

外観の色や使っている素材を変えることも効果的です。前店舗が木の板を多用した

茶色っぽい「和」の外観だったならば、白いタイルや赤いレンガなどを組み合わせた「モダン」な洋の外観に変えるとか。つまり、外から見た素材イメージをガラッと変えるのです。

すでに何度か言ってきたように、居抜き物件は前の経営者が失敗した物件ですから、「やる人が代わりました、内容も変わりました」とアピールする必要があります。そのために、最も効果的なのが顔（ファサード）を変えることなのです。

居抜き物件だからこその、新しい店の登場を効果的にアピールする方法

居抜き物件は、外をすべて覆い隠さなくても工事できる場合が多いのですが、工事期間中はわざと外側全部を覆い隠して、工事中の外観や中が見えないように工夫します。

また居抜きだと、2～3週間ほどの短い工事期間で開業できることも少なくありませんが、その場合も、工事期間中はできるだけ外観を隠しておきます。店舗の前を通る人に対して、一定期間情報を遮断し、覆いが開くとパッと新しい店が誕生する、という演出をするのです。

これは、もちろん前店舗のマイナスイメージを消すため、減らすためです。

前と変わった!
入ってみたい!
入ってみる
楽しい!
おいしい!
また行きたい

皆さんも、いつも通っていた道路沿いの建物（店）が壊されてなくなった時、自分が利用していなかった建物（店）だと、「そこにどんな業種の店が入っていたか思い出せない」といった体験をしたことがないでしょうか？

もしかしたら、前の店のマイナスイメージを断ち切る工夫がされた物件だったのかもしれません。

居抜き物件だからこそ、一定期間まったく外観を見えなくしておいて、前の店が持っていたマイナスイメージを断ち切り、サッと幕を開けるように登場させて、「新たなスタートを切った店」という演出をすることも新鮮さをアピールする方法です。

まとめ

前店舗のイメージは「失敗した店」。ガラッと印象を変えるには、店の顔をまったく違うものにすることと際立った登場の演出

07

「入ってみたい」と思わせる、顔（ファサード）に変えるには

「店の顔（ファサード）を変えること」が重要なのは前項で述べましたが、当然のことながら、より魅力的な店の外観に変えなければならないことは言うまでもありません。

ひと言で言えば、「入ってみたい」と思わせる外観をつくることです。

何しろ、以前はお客さんが来なかった店ですから、まずは一度でも入ってもらわなければ話ははじまりません。

通りすがりのお客さんに「入ってみたい」と思わせるには、**店内を外から見せることが効果的**な方法です。

「店内は見えないほうがいい」と言う人もいますし、店側がお客さんに中を見せたくないという場合もあるでしょう。しかし、その店の売りものや雰囲気のよさを外から見せて、「入ってみたい」という気持ちを起こさせることができないか？　と考える

ことがはじまりです。

たとえば焼き鳥店なら、外からガラス越しに焼いている状況がよく見え、焼き場の煙がモウモウと出ているところが見えるようにします。

ラーメン店の場合は、スープを炊いている大型の寸胴が見えたり、湯切りをしている人の姿が見えるのもお客さんの気持ちをそそります。

デザインや照明の使い方ひとつで「入ってみたい店」になる

この他にも、外観のデザインが面白そうな店は、「入ってみたい」という気を起こさせます。

昭和初期からある居酒屋のような古びた雰囲気があり、思わず中を覗いてみたくなるデザイン。江戸時代の町屋のような雰囲気の外観だったり、未来都市へタイムスリップしたような格好いい非日常的な外観イメージの店も魅力的です。

たとえばうどん店だったら、店頭に農機具が飾ってあり、昔、農家で使われていたうどんの手打ちの道具がファサードの一部に使われていると、「この店は手づくりでおいしそうだな」と、「入ってみたい」という気持ちを起こさせます。

予算が極端に少ない場合でも、ある部分だけピンポイントでデザインを変えて、そ

ファサードが店の印象を決める!

Before

After

の部分にだけライトを照らすと雰囲気がガラリと変わります。照明を当てないところは暗くて見えないので、何も手をつけずにすみます。照明の当て方、使い方ひとつでも店の印象を変え、「入ってみたい」と思わせることが可能なのです。

たとえば、「湘南の海の家のような隠れ家レストラン」とか、「山奥の炭焼き小屋のラーメン店」といったものをデザインコンセプトにすると、薄暗い海辺のテントやバンガローで食事をし、お酒を飲んでいる雰囲気をイメージして、暗めの照明にも必然性が出てきます。

大がかりな工事をしなくても、照明の使い方ひとつで「入ってみたい」と思わせることができるのです。

まとめ

「焼鳥を焼いている煙がモウモウ」
「店の外観がステキで面白そう」
「昭和初期の居酒屋さん？」
……つい入ってみたくなる店をつくる

居抜き開業事例 05

メロンパン屋➡たい焼き屋

狭小店舗のテイクアウト店

「たい焼き屋鯛金」（東京・江戸川区）…たい焼き屋

「居抜き開業　繁盛の工夫」

①たい焼き機や保温器などの機器は、インターネットで探しまくり、リサイクルショップに連絡しまくって、安く調達した

②目立たなければお客さんは来ない。看板だけはプロに依頼。お金を掛けた

③床・天井はそのまま。カウンターや間仕切りなどは工事会社に依頼したが、塗装はすべて自分でやった

東京の下町「小岩駅」から4分ほど、商店街の一角に「たい焼き屋鯛金」があります。商店街と書きましたが、土地柄か大型のパチンコ&パチスロ店と居酒屋が目立つ、商店街というより繁華街の中と言ったほうが当たっているかもしれません。

この物件は、東京の東部エリアで、たい焼き屋の物件を探していた方のために、近

所にあった他の物件を見に来た帰りに私が見つけた物件です。

物件がある商店街には、大行列ができる老舗のもつ焼き屋があり、開店前からお客さんが並んでいます。この店の大繁盛が、この通りを実力以上に魅力的に見せています。

老舗飲食店には長い時間を掛けてつくり上げてきたお客さんが、遠方からも「わざわざ」来ているので、新規参入したあなたの店が、その店と同じようにすぐには人を集めることはできません。

しかし、理由はどうであれ人が集まってくれるのはいいことですから、近くに老舗繁盛店があることはプラスです。

＊「何もしない部分」「専門家に頼む部分」「自分でやる部分」の3つに分けて考える

前がメロンパンのテイクアウト店であったこの居抜き物件は、プレハブ建築タイプの一軒家の可愛らしい外観です。

数年前にあった、メロンパンブームの時には大繁盛していたらしいのですが、ブームの終わりとともにお客さんも減り、居抜きとして市場に出てきた物件でした。

私が開業プロデュースの依頼を受けていた女性オーナーは、この物件のある小岩駅近辺に土地勘があり、「この場所なら」と借りることにしました。

この物件は、エアコンやテントなど一部使える造作がありましたが、造作譲渡が無料だったことや、保証金ではなく敷金で借りられる物件で、初期投資が抑えられたことも後押ししました。

限られた予算だったので「居抜き」限定で物件を探していましたし、物件が見つかった後の工事も、**「何もしない部分」「専門家に頼む部分」「自分でやる部分」の3つに分けて考える**ようにしました。

店の入り口あたりと、6名分のカウンターなどの木工事や電気関係・照明などは工務店に工事を依頼しました。厨房や店内の壁のクロスも業者さんに貼ってもらいました。「専門家へ頼む部分」ですね。

カウンターや間仕切りなどの木部は、すべて女性オーナーがペンキや刷毛を買って自分で塗装しました。「自分でやる部分」部分です。

トイレはそのまま使い、ロッカースペースも手をつけず、床や天井もそのままにしました。「何もしない部分」です。

＊新品を買えば高額な「たい焼き機」は中古機械で十分

たい焼き機や保温器などの機器は、インターネットで探しまくり、リサイクルショップにも連絡しまくって探し、安く手に入れました。

女性オーナーが開業前に修業したたい焼き屋も、たい焼き機は中古品だったそうで、私が毎月セミナーをやっている旧知の厨房リサイクル品販売の「テンポスバスターズ」なども利用し、高額な機械は中古品を購入して揃えました。

店の屋号は女性店主が考えた「たい焼き屋鯛金」に決まり、店頭看板やのれんは妥協せず、パシオがしっかりとデザインし、腕のいい看板屋に製作してもらいました。ユニフォームや、名刺や商品袋、チラシなどの小型グラフィックもパシオがデザインし、プリントや印刷はインターネットで安いところを見つけて発注しました。

＊店をやってみたからこそ見えてくる「新たなやってみたいこと」

はじめての独立開業から数年たち、女性店主は今いろいろと経営のことをより深く考えるようになったと言います。

「たい焼き屋のような客単価の低い店は、店前通行量のボリュームが売上を決める。たい焼き屋のよさは、テイクアウトだけでもやっていけることだから、今回も狭い小さな物件を探したが、結果は9坪のイートインスペースのある広めの店になった。

この半分くらいの面積の物件で、坪当たり家賃が倍であっても、もっと人通りのある場所にも店を出してみたい」と語ってくれました。

昔ながらのたい焼きにプラスして、「パイワッサンたい焼き」という、パイ生地のオリジナル商品も開発しました。これが好評で、今では看板商品になっています。

暑くなると売れ行きがグッと落ちる「たい焼き」なので、夏には冷たいクリームの入った「冷やしたい焼き」を売り出したり、真夏には「天然水のかき氷」をはじめたりと、どんどん新商品にもチャレンジしています。

たい焼き屋鯛金
／テイクアウトたい焼き店

（東京・江戸川区）

（居抜き開業）／9坪・6席　■東京都江戸川区西小岩1丁目19-24（JR小岩駅4分）■ 03-3657-5553 ■営業時間：12:00～20:00 ■不定休

5章

悪立地にチャンスあり！
繁盛する飲食店立地の見極め方

01 自分が楽しめる街で開業する

「自分が楽しめそうな街で開業しよう」というのは、個人店開業だからこその立地の決め方です。チェーン店とはまったく違う発想で、これこそ**個人店が繁盛するための立地選びのポイント**だと思います。

自分が生まれ育った街でも、暮らしてきた街、会社勤めをしていた街でも、自分の経験の中で、自分自身が「楽しんで店をやっていけそうな街」を選んで開業します。

たとえば、東京で働いていた本好きの人が、自分と同じような本好きの人が多そうな神田・神保町辺りで働く人たちのために、じっくりと読書してもらえる喫茶店を開くとか――。

あるいは、埼玉県の住宅街から東京の会社に通勤していて、「会社の帰りに気楽に寄れるような居酒屋があったらいいいな」とずっと思っていた人が、自分と同じように感じていた人が集まる居酒屋を自宅の最寄り駅に開くとか――。

「自分と価値観を共有できる人がお客さんになる店」、そのために開業する街を選ぶ。

これが個人店の、究極の繁盛立地選びではないかと思います。

そして、これこそが無意識のマーケティングなのです。その街に通っているうちに、店の流行る理由をつかんでいたり、立地のよさを知っているのですから。

一方で、自分の好きな街があるが、買い物や飲食などで時々行くだけで、日常的に通っておらず、街の情報が少ない場合もあります。そういう人には、短期間のアルバイトでもいいので、その街で働いてみることをお勧めします。

人気が高いからといって、好きな街に出店することを諦める必要はない

人気が高い街だからといって、自分の好きな街に店を出すことを諦める必要はありません。たとえば、吉祥寺のように人気のある街は、家賃が高くて手が出ないと思われるかもしれません。しかし、駅から近い場所は高くても、駅から少し離れればお手頃の値段の物件もあります。とにかく、「この街が好き」という感覚を大事にしたほうがいいのです。

自分が好きな街、楽しく感じられる街で営業すると、来店するお客さんも同じ価値観を持っている人が多いのです。

企業が開業する場合は、そんな甘いことは言っていられません。収益性が上がるなら、店主と合わないお客さんが来ても、よしとしなくてはなりません。「お客様は神様だ」という考え方です。

しかし、本書がテーマとする個人店の場合は、店主と感覚の合うお客さんが来てくれる店をつくることが最大の贅沢であり、繁盛店をつくる最短の方法だと思います。

店主が自分の店に来るお客さんを嫌っていたら、楽しく営業できず、サービスのレベルが落ちてしまいます。たとえお客さんは少なくても、そのお客さんを好きだと思えれば、ネットワークが広がるものです。甘い考えのように聞こえるかもしれませんが、これは私が多くの店に携わった経験に基づく事実なのです。

まとめ

せっかく個人店を開業するのだから、「自分の好きな街」を選択基準にすること。同じ価値観のお客さんがネットワークで集まる

02

競争のない場所で開業する

私の会社には、年間に数十人の方が開業相談に来ます。その方たちが最も知りたがっていることは、基本的に次の２つです。「開業にはいくらお金が掛かるのか？」、もうひとつは、「どういう場所で開業したらいいか？」です。

場所に関しては、私は業種・業態を問わず、「競争のない場所でやりませんか？」と提案します。競争がないと言っても、人里離れた誰も住んでいない山奥のような、極端な例を言っているのではありません。

多くの方は、人がたくさんいる場所、駅で言うと、急行や準急が停まる大きな駅で開業したがります。東京の場合ならＪＲの山手線、中央線の駅のように、乗降客数の多いところを出店場所として希望します。

しかし、東京でも各駅停車しか止まらない私鉄や地下鉄の駅で、都内に住んでいる人にもあまり知られていない、降りたことのない駅にも魅力的な場所はたくさんあります。

そして、**そういうあまり知られていない街にも多くの人が住んでいて、働いている人もいっぱいいるのに、魅力的な飲食店が少ないことが多い**のです。

そういった場所（駅）に、自分が開業しようとしている業種・業態の店がなかったとしたら、その小さな駅で乗降する人たちは、あなたの店を利用してくれる可能性が高いはずです。

後から競合店が出てくる可能性が低いのも魅力

しかも、各駅停車しか停まらない小さな駅なら、あなたの店が繁盛しても、その後に競合店が出店してくる可能性が低いのもプラスポイントです。少なくとも、大手のチェーン店は出店しないでしょう。

ちなみに、東京を中心に出店している高級和牛焼肉店が出店する場合は、乗降客数10万人がひとつの基準になっているそうです。居酒屋チェーンの「和民」は、乗降客数6万人と言っていたような気がします。ディスカウント系の大手チェーン居酒屋では乗降客数3万人の駅が出店の最低ラインと言います。それ以下の乗降客数だと、チェーン店は営業が成り立たないから出店しないのです。

個人店であれば、乗降客数が2万人の駅でも十分に繁盛店にすることができます。千葉県内の乗降客数1万4000人の小さな駅、新京成線「高根公団駅」で、駅から徒歩30秒のビル2階に「手仕込み居酒屋　笑かど」という40数席の店があります。各駅停車しか停まらない駅で、3年ほど前に居抜き開業した店です。

小さな駅なので、駅から近い場所の好物件でも家賃が安いのが特徴です（さらに、この店は2階物件ですから余計です）。こんなにも駅から近いと、ほとんどの乗降客に店の存在を知ってもらえるので、小さな駅でも店は成り立ちます。

各駅停車が停まるだけの、住宅街の小さな駅の場合、駅から1～2分以内の認知度の高い視認性抜群の物件を探すようにしましょう。

まとめ

競争が出店しない場所なら一番店になれる可能性が高い。ポイントは小さな駅の駅近くで乗降客の視認性の高い場所で開業すること

03

立地のよし悪しは、滞在型か回転型かによって変わる

飲食店には、客単価が低くて多くの客数が必要な「回転型」の店と、客単価が高く客数が少なくても経営が成り立つ「滞在型」の店の2種類があります。

「回転型」の店の典型がラーメン店、「滞在型」の典型が焼肉店です。

仮に、1日10万円の売上が必要な店だとします。ラーメン店の場合、客単価が800円だとすると、10万円の売上を上げるのに125人のお客さんが必要です。一方、焼き肉店で客単価が4000円だと、10万円の売上を上げるのに、25人のお客さんが来ればいいことになります。

1日に125人のお客さんが必要な店と、25人で成り立つ店とを、立地のよし悪しを判断する時に同列に比較していたのが、今までの立地論です。

居抜き物件は、回転型の店で失敗したケースが多いのです。ラーメン店、うどん店、カレーライス店、持ち帰りの弁当店などのように、客単価が低く、多くのお客さんが

入ってくれないと成り立たない店が、居抜きで出てくるのです。

そこで、居抜き開業しようとしている物件が、過去に回転型で失敗した店で、あなたは客単価が高い滞在型の店を開業しようとしているとすれば、成功する可能性は高くなります。

先ほどのラーメン店と焼肉店の比較のように、1日に125人のお客さんが必要な店ではうまくいかなかったとしても、1日25人なら可能かもしれません。

125人のお客さんに対しては、丁寧な接客ができなかったかもしれませんが、25人なら、あなたの得意な手厚い接客が活かせるかもしれません。

あるいは、同じ滞在型の店であったとしても、大手チェーン店が経営している場合は本部経費を捻出するために、多くのお客さんが来ないと成り立たないかもしれませんが、個人店であれば成功する可能性があります。

前の店もあなたがやろうとしている店も同じ回転型の場合には、毎日数多くのお客さんが必要となるので、より慎重に立地の調査・確認が必要になります。

店前の通行量の中身をじっくりと確認すること

回転型の店で、店前の通行量が多いにもかかわらず、店が失敗したケースでよくあるのは、一見人通りが多そうに見えて、実は違っている場合です。同じ人が行ったり来たりしていて、通行人が多いように見えて、実は大したことがないのです。同じ人が移動しているので、来店頻度が少ない店は経営がむずかしいということになります。

このような事態を避けるためには、通行量の詳細を調査する必要があります。特に回転型の業種・業態では、平日の昼と夜、土日の昼と夜、さまざまな曜日・時間帯の、店前の通行人の「質」と「量」を確認しておきます。

パチンコ・パチスロ店が近くにある立地は、同じ人が同じ場所を何度も移動していることがよくあります。多くのお客さんが昼飯時に外に出てきて、また店に戻ります。近くにパチンコ・パチスロ店が多い場所では、特にチェックが必要です。

まとめ

客単価は低くても回転率の高い店をめざすなら、店前通行量の多さに安心することなく、曜日ごと、時間帯ごとの客層を分析すること

04 滞在型の店なら、店前通行量は気にするな!

不動産屋も大家さんも、「店前通行量が多ければ、いい物件」だと勧めてきます。そう言われると開業する本人もいい物件だと思ってしまいがちですが、冷静に考えれば居抜き物件なのですから、前の店は何らかの原因で失敗しているのです。店前通行量が多い好物件だからこそ、「失敗した原因は何か?」という視点からよく考えないと、同じ失敗を繰り返す可能性があります。

その時には、通行する人を「うちの店のお客さんになる人かどうか?」という視点で見て吟味します。たとえば、JR山手線の高田馬場駅の近くで、落ちついた雰囲気のちょっと洒落たカフェを開き、1杯450円のカフェラテを出すとします。店の前は本当に多くの人が通る場所なのですが、高田馬場という土地柄、その多くは予備校生や専門学校の生徒です。コーヒー1杯に450円も使わず、ファストフード店やコンビニのコーヒーを飲む客層が多いのです。店前を人がたくさん通っていても、その人たちはあなたの店のお客さんではないのです。

店前の通行人の中に、「自分の店のお客さんになる人」がどれくらいのパーセンテージでいるかを、しっかり見ておかなくてはいけません。

この逆のことも言えます。人通りは少なくても、その人たちの多くが自分の店のお客さんになる場所もあります。

その「エリア・周辺」にターゲットがいるかどうかが重要

滞在型の店であれば、店前通行量はほとんどないが、物件から道一本向こうの「30秒ほど離れた住宅地には、自分の店のターゲットがしっかりいる」とか、「この駅は自分の店がターゲットにしたいお客さんが回遊するエリアなんだ」とかを判断基準にすることが大切です。

つまり、物件周辺を面として考えて、滞在型の店は**そのエリアにターゲットがいるかどうか**が重要なのです。

30秒ほどの距離の場所にターゲットがいるなら、店の存在を知ってもらい、店に来てもらう工夫をします。ターゲットがいる地域にビラを撒きに行ったり、置き看板を設置する、駐車場や駐輪場の車にチラシを挟むとかいろいろな方法があります。店の存在をまず認知してもらう必要があるということです。

時間と手間は掛かりますが、30秒の距離のお客さんを呼ぶだけなら、店の存在を認知してもらうことはそれほどむずかしくありません。滞在型の店は、店前の通行量を気にするのではなく、そのエリアにターゲットがいるかどうかを気にすることです。

特に専門性の高い居酒屋やバー、洒落たレストランのような店は、時には店前の通行量が少ないほうが、隠れ家的で面白いのです。

滞在型の店の場合は、通行人の数は気にしすぎる必要はなく、エリア・周辺に店にマッチしたターゲットがいる場所であるかどうかをチェックすることが最も重要です。

まとめ

滞在型の繁盛店をめざすなら、人通りより物件の周辺にターゲットとなる客層がいるかどうかを確認し、店の認知度を上げること

05 「べんり店」と「わざわざ店」の好立地は違う！

　あなたがやろうとしている店は、「べんり店」か「わざわざ店」かが、あなたの店の出店場所を決める時の判断の基準です。小売業で言うところの「最寄り店」と「買い回り店」との関係に似ています。

「最寄り店」の典型がコンビニエンスストアです。まさにコンビニエンスなので、便利さを追求しています。買いたいモノが明確に決まっていなくても、毎日帰りがけに寄ってしまう、必要最低限の物が揃っている店です。

片や、「買い回り店」はその言葉のとおり、あなたがほしいモノを探して買い回る、気に入ったデザインや機能やサービスを提供する店です。あなたのお気に入りの衣料品やバッグなどの、ブランド品が置いてあるショップが買い回り店です。

　飲食店に当てはめると、会社などの帰りがけに「何か食べたい」と思う人たちのために、便利な場所にあるラーメン店、中華料理店、うどん店などが「最寄り店」です。

「軽く一杯やって帰りたい」と思った時にふらっと立ち寄れる、敷居の低い居酒屋なども、最寄り店です。こうした店を、通り道にあって便利な店という意味で「べんり店」と呼ぶことにします。

あなたのやろうとする店が、「べんり店」なのか、それとも小売業で言う「買い回り店」のように、わざわざ「あそこのラーメンがどうしても食べたい」「あそこのモッチモチの手打ちうどんが食べたい」「あの喫茶店でマスターが入れた焙煎コーヒーが飲みたい」という、「わざわざ」来る人のための店をつくりたいのかによって、立地選びの基準が違ってきます。

看板のない店が繁盛する理由

個人店の場合は、「わざわざ店」をめざすことが多いので、わざと看板のない店にして、入り口や外観から店の存在がわかりにくい店をつくることがあります。

お客さんは来たことのある人と一緒に来る人や、わざわざ探して来る人、事前にインターネットで調べたりして、店のことを知っている人ばかりですから、看板が必要ない店とも言えます。

看板がないことが話題になったり、あるいは手の平ぐらいの看板がポンと入り口に置いてあることがマスコミに注目されたり、いつも半分閉じかけのシャッターが看板代わりになったりと、面白い演出でお客さんを引きつけます。

「わざわざ店」ではこうした〝わかりにくさ〟をウリにして人気店になることもありますが、味に対する自信やこだわりの趣向が必要なことは言うまでもありません。

この逆に、ついでの人に店に来てほしいなら、うちは何の店か、商品の品揃えや価格はいくらかということを積極的に表示していくことです。

大手のチェーン飲食店のように、「うちは何屋です」と、大きい看板を出して遠くからもわかりやすく目立つようにして、外からもメニュー内容がわかるように表示して安心感を出します。便利さを求めるお客さんにアピールする見せ方が鍵です。

まとめ

「べんり店」はお客さんが安心してふらっと寄れる店。「わざわざ店」は探すほどの魅力があること。それぞれの演出のしかたがある

06

商業地域の端、住宅街の入り口あたりが狙い目!

私は、東京の私鉄沿線の住宅街に住んでいますが、駅から歩いて4~5分のところにある居酒屋が、面白い看板を出しています。「今日の食事はすんだか? この先に店はないぞ」という看板です。

駅から小売店や飲食店、美容室などの商店が点々と続いていて、この居酒屋を境に店がなくなり、住宅街がはじまる境目あたりにある店です。

この居酒屋のような商店街の端っこの立地は、出店場所として面白いと思います。駅から4~5分の距離は、駅に近い物件に比べて坪当たり単価は半分ほど。開業する側にとってはランニングコストが安く、負担の少ない物件になります。

物件の家賃は、駅前すぐ、駅から2~3分、駅から4~5分、といった間隔で区切られるような気がします。5分以上離れて、商業地域からも外れているとなると、さらに安くなります。

一部の地域を除けば、どこへ行ってもシャッター商店街が増えているので、駅から4～5分程度離れた場所なら、居抜き物件も数多く出ています。

この、駅から4～5分程度離れた場所を、「駅から遠い」と見るのではなく、「住宅街に近い」という感覚で見ると、休日にはお客さんの家（住宅街）から一番近い飲食店になる可能性があります。見方を変えれば、帰りがけのお客さんにとっては家から最も近く、休日に外食する時に一番近い店ということになります。

そう考えると、商店街と住宅街の境目あたりの立地は非常に面白いと言えるでしょう。

駅から商店街を抜け、住宅街に入って行く動線上にあること

先ほど各駅停車が停まるだけの小さな駅の話の時には、「駅前に店を出しましょう」と言いましたが、駅から4～5分離れた商店街の端っこの物件の場合は、私鉄なら準急や急行が停まる、5万人以上の乗降客数がある中規模以上の駅を狙います。

そのような駅でも、4～5分も離れると家賃がグッと安くなり、物件も出やすくなります。商店街の端っこに素敵な店をつくったら、駅から一番離れた場所にあるオアシスのような飲食店になると思います。

ここで注意したいのは、その物件が駅から住宅街に入って行くメイン動線上か、またはサブ動線上に立地していることです。

駅から4~5分離れて、動線からさらに枝分かれした横道に入って行くとなると、認知度が低くわかりにくい場所になります。駅から離れた分、店前の人通りの見込めるメイン動線沿いの物件であることは押さえたいポイントです。

電車の駅からちょっと離れた、バス乗り場へ向かう動線の途中だったりすると、さらによい場所になります。バスの発車時間待ちの、「ちょい飲み、ちょい食べ」のお客さんも見込めるからです。

まとめ

乗降客5万人以上の駅から歩いて5分程度。住宅街入り口という立地は、お客さんの家から最も近い、安らぎの店になれる可能性もある

07 認知されなければ、存在しないのと一緒

「情報の90%が目から入ってくる」と言われています（本当かどうか確かめたことがないので正確にはわかりませんが、私たちが目から多くの情報を得ていることは間違いないでしょう）。

そこで物件探しの時に、「ここに店を開いたら、この街の生活者からどう見られる店をつくれるか？」という角度から探していくと、成功の確率が高まります。

その物件が、通行人や車で通っている人からどう認知（視認）してもらえるか、ということを想像してみましょう。

目に飛び込んでくるような、認知されやすい外観をつくれるか？　見つけづらい店になりそうか？　物件のまわりは、風情ある店へのアプローチが演出できそうか？　など想像力を働かせて、店をつくった時の景色をシミュレーションしてみます。

なにしろ、**店の存在がお客さんから認知されなければ、その店は存在しないのと一**

緒なのですから。

私自身の経験でも、通勤に使う最寄り駅付近の居酒屋に、数年間気づかずにいたことがあります。理由は、通勤する朝にはシャッターが降りた店の正面が見えていて、店が開いている帰りの時間帯には背中側に位置し、駅の階段を降りた時に振り返らないと認知できない場所にあったからです。

この店が、開いていない時間帯でも目立つファサードをしていたら、少なくとも朝の顔であるシャッターに、店のコマーシャルが大きく書かれていたら、初日からその店の存在に気づいたと思います。

インターネット上で認知されやすい物件かどうかも考える

インターネットが普及した今では、ネットで情報発信した時に認知されやすいかどうかも繁盛のポイントです。

今までは、通行人や車で通る人の目から認知されるかどうかだけが問題でしたが、現在は、**インターネットで情報発信した時に行きやすいか、わかりやすいかどうかも認知のポイント**になってきました。

人気の駅や施設がそばにあったり、「有名な建物の隣」とか「話題性のあるショップの裏」などといった立地が、インターネット上で認知されやすいのです。

たとえば、インターネットで調べて「渋谷警察の裏」とわかると、行きやすくなります。この渋谷警察のような目印になるランドマークが近くにある場所は、説明がしやすくて認知もされやすいので、インターネット時代では好立地になりやすいのです。

また、「誰も店前を歩いていない、駅から1～2分のわかりにくい場所」が非常によい立地に変わってきました。目による認知だけの時は、人通りがなく認知されにくい場所は人気がなかったのですが、インターネットでコマーシャルするのが当たり前になってくると、店前の通行量の少なさやわかりにくさが、さほど気にされなくなったのです。

まとめ

実際に人の目から認知される「視認性」と、インターネットで情報発信した時の行きやすさ、わかりやすさの両方が重要になってきた

08 まわりの店とドミナントとして繁盛する

近所に有名な店、集客力のある店があると、「自分の店も集客しやすい」という事実があります。

「ドミナント戦略」とは本来、「同一の店や企業が特定の地域内に集中して店舗を出して効率的に集客すること」を指すのですが、本書で提案するのは、「同じ志を持つ店、同一ターゲットを志向する店のある場所を選んで出店して、勝手にドミナント（効率的に顧客を集める）していこう」ということです。

たとえば、あなたがお好み焼き店開業のために物件を探していて、めざす場所の近くに有名なお好み焼き店があったとします。「あんなに有名な店があると、自分の店が出店してもダメだな」と思いがちですが、そうではなく、「有名なお好み焼き店があるからこそ、自分の店もお好み焼き好きの人に知ってもらえる可能性が高い」と考えるのです。

もちろん、有名な同業店と商品力も接客もすべて比べられるわけですから、なまやさしい立地選択ではないと思います。それでも、近くに同業の有名店があったほうが有利だと思います。学ぶべき目標がすぐ近くにあるわけですから。

あなたが魚をメインにした居酒屋を出す計画をしていて、近くに流行っている焼き鳥屋がある物件が出たら、これは理想的です。流行っている店がそのエリア一帯の価値を高めているところに、あなたもさらに魅力あるエリアにするために参加できるわけですから。お客さんも、いつも焼き鳥ばかりを食べたいわけではないので、魚メインの居酒屋にも来てくれます。

また、有名なお好み焼き店が大阪風で、あなたの店が東京風だとすると、いつも大阪風のお好み焼きばかりでなく、ときには東京スタイルのもんじゃ焼きやお好み焼きを食べたくなるのが人間です。

エリアとして吸引力のある場所に店を出す

有名繁盛店が人を集めてくれるわけですから、繁盛店がないエリアよりも、繁盛店がある吸引力の強い場所に店を出すほうが、チャンスが多いのです。

前に紹介した「競争のない場所で開業する」という考え方とは矛盾しますが、同業であっても集客力のある店があることはプラスに働きます。

ラーメン店なども、店が集まることによって「ラーメン激戦区」などとテレビや雑誌などのマスコミに取り上げられて、コマーシャルしてもらえることも珍しくありません。

ターゲットが似ている小売店やサービス施設も、一緒に集客を図れる味方です。たとえば、20代の感度が高い女性をターゲットに飲食店を開くといった場合など、同じ20代の女性をターゲットにした雑貨やアパレル店が近所にあるとエリアだと、相乗効果で集客しやすくなります。お客さんが回遊してくれるせいもありますが、店同士でお客さんを紹介しあったり宣伝しあったり、同一ターゲットだからこその効率的なコマーシャルが可能だからです。

まとめ

同業種、異業種にかかわらず、人気店があり、自分の店と同じターゲットの店が集まるエリアは、集客しやすい絶好の場所

09

出店ポイントは、将来、求める客層が集まってくるかどうか

最近では、海外出店が話題になることが多い博多ラーメンの店「一風堂」。名古屋で洒落たダイニングをオープンして以来、今や東京はじめ全国、そして海外にも店を展開している「ゼットン」。そのオーナーに、1号店を開業した当時の話を聞くと、場所を決めた時には「今はまだメジャーな場所ではないが、自分が出店したことでそのエリアに人の流れをつくるんだ」と思って店を出したと、同じことを言っていました。めちゃくちゃ格好いい話です。

両社は今では何十億円という売上を上げる企業になっていますが、当然、1号店出店の時はお金もコネもないわけですから、駅ビルや大きな駅の駅前一等地などには出店できません。駅から離れていたり、小さな商圏の家賃が安い居抜き物件で開業しなければならなかったであろうことは想像できます。しかし、この2人のオーナーが言っていることには、繁盛店の立地論の大きなポイントが示されています。

それは**その街が持っている将来性を判断して出店する**ということです。

限られた予算の中で、一等地へは出店できない、あるいは、すでに完成された場所という意味で一等地は選びたくない時、では何が出店基準になるかというと、**将来、自分が求めるお客さんが集まってくるエリアになるかどうか**です。

今は話題になっていない場所、今はあまり人通りがない場所だけれど、近い将来、自分の店ができたら人が集まってきそうな場所で物件を探すのです。

建築中のマンションやビル、商業施設に目をつけろ

私が開業をお手伝いするときは、その街に建築中のマンションがあるかどうかをとても気にします。駅を起点にした場所なら、乗降客数が減っているのか増えているのかを気にします。あなたなりのアンテナ（基準）で、将来、街がどうなるかを考えて出店場所を決めてください。役所に行って、将来構想を調べるのも役立ちます。出店場所に土地勘のありそうな、友だちでも親戚でも誰でもいいので、「この街の将来性はどう?」と聞いてみて、新しい情報を集めるのもいいでしょう。

現在は通行量が多く見えても、高齢者が主体になっている街だと、将来性に不安があります。あるいは、今は高齢者ばかりの街のようでも、代替わりがうまく進むかも

しれません。

街には浮き沈みがあり、そのスパンが長かったり短かったりとさまざまです。スパンが長いと、よくなる前に店がつぶれてしまうので、自分なりの判断が必要です。

25年ほど前の話ですが、JR恵比須駅の駅前ロータリー沿いに好物件が出たので、池袋を中心に店を展開していた飲食店経営者に紹介したのですが、「変な場所を紹介した」と怒られたことがありました。

ところが、それから5〜6年後にその物件は恵比須の一等地になり、すでに借りようと思っても借りられない場所になってしまったのです。5年程度の短いスパンでも街の価値は大きく変わることがあるのですから、そういう意味でも、将来性を見極めることは必要不可欠です。

まとめ

低予算では一等地での出店ははじめから無理。将来、あなたの求めるお客さんが集まるエリアを、あなたのアンテナで選ぶこと

10

人気のない路線や駅にチャンスあり

東京ローカルの話になってしまいますが、あまり人気のない沿線、たとえば東武東上線沿線や都営地下鉄三田線沿線に、新しいマンションが建ちはじめている駅があります。３０００万円台の、30代を中心とした若い層が購入しやすい価格帯で、都心の会社に出るにも30～40分以内と便利な場所です。

たとえば、東武東上線の「東武練馬」という駅は、大規模ターミナルの池袋駅まで約20分です。都営地下鉄三田線の「板橋区役所前」という駅だとＪＲ巣鴨駅まで20分なので、山手線に乗り換えれば、どこに行くにも便利です。

長く東京に住んでいる人は、東武東上線や都営三田線という路線自体にあまり魅力を感じないかもしれません。認知度も高いとは言えないと思います。

おそらく年配の方たちが一戸建てで長く住んでいた古い住宅街が、マンションに建て替えられているのでしょう。

古い街に、若い人たちが住むマンションができ、新しい住民に向けてスーパーマーケットなどの小売店や、CDレンタルショップや美容室などのサービス業の店ができはじめている――こうした古い住民と新しい住民との入れ替えが起きている街が、各所にあります。

30代を中心にした人が、そういう駅に建ったマンションを買う理由は、価格が安いということも、もちろん大きな理由ですが、「人気のない路線なので、電車が混んでいなくて通勤が楽だから」も、大きな理由だそうです。

人気のない駅・路線は見すごしがちですが、実際にそういう街に行ってみると、昔とは様変わりしていることがあります。古かった駅が新しく魅力的になっていたり、駅周辺が再開発の最中だったり、駅前に大型のスーパーマーケットができて、便利になっていることも多いのです。

建設中のマンション、更地になっている場所などの情報も見ながら、物件を探してみるといいでしょう。

街はどんどん変化し、イメージが変わっている

私の会社に開業の相談に来る方は、東京なら恵比須、原宿、表参道といった、人気

の高い街で店を開きたいと言う方が多いのですが、もう少し視点を広げて見てみると、面白い場所がいっぱいあります。

「谷根千《やねせん》」と呼ばれる、谷中・根津・千駄木エリアは、あまり人気のない西日暮里駅や日暮里周辺なども巻き込んで、外国人観光客からも注目されはじめていて、すでに将来性の高いエリアになっているようです。

東京から神奈川にかけての、京浜工業地帯と呼ばれた大井町、蒲田、川崎などのエリアは、ひと昔前は飲食店の出店場所としては人気のないエリアでしたが、最近では駅や駅周辺が開発されて活気づき、将来への伸びしろを考えると、非常に魅力的な街に変貌しています。人気のない駅や街をもう一度見直してみる必要があります。

まとめ

人気のなかった路線が新しい価値で生まれ変わり、古い街が新陳代謝でイメージ一新。そんな変貌を遂げている街が各所にある

居抜き開業事例 06

魚料理居酒屋 ⇒ 串焼き居酒屋

一等地の路地裏居抜き開業

「炭屋串兵衛　鶴屋町」（横浜駅西口）…串焼き居酒屋

「居抜き開業　繁盛の工夫」

①「入ってみたい」外観に、開業予算を集中して投資した
②使い勝手の悪い狭小多層階物件だったが、立地を最優先に選んだ
③各階ごとに違った雰囲気のデザインにして、上階へ上がってもらえる店にした

＊一等地の路地裏居抜き物件

横浜駅西口周辺は２０２０年のオリンピック開催に合わせ、大規模な再開発が進んでいます。その横浜駅西口から徒歩2分ほどの路地裏に、居酒屋の居抜き物件が出ました。小さな12坪３階建ての物件ですが、日本で5番目に乗降客数がある横浜駅から2分の場所なので、開業希望者からの人気もあり、家賃も高めでした。

開業希望者から人気の高いエリアですが、大手飲食チェーンは手を出しづらい物件

です。12坪3層で36坪のスペースだと、まず大手の居酒屋は手を出しません。なぜなら、1フロアが狭すぎて経営効率が悪いからです。

1フロアで36坪の居酒屋なら、スタッフ6～7人で回せますが、3階建てとなると、2階、3階の各フロアに1～2人のスタッフを置かなければならないので、10人近いスタッフが必要になります。料理を運ぶために専用のエレベーターも厨房内に必要です。場所をとるし、直接持って行くことに比べれば、これも効率が悪いことです。

回転型※のラーメン店やとんかつ店の大手なども、1階部分だけなら借りたいかもしれませんが、2階や、ましてや3階部分は必要がないスペースです。店前通行量もそう多くはないので、結果的に無理して借りようとはしません。

さまざまな理由により、大手飲食店は借りないので、居酒屋などの個人店が借り手の対象になることになります。ですが、個人店も家賃が高ければ物件を借りるための費用である保証金や礼金などが高額になり、開業コストが膨らむので、はじめて店を開く人というわけにはいきません（ましてや、家賃が高いだけでなく、合計36坪もありますから、個人の方がはじめてやるような物件ではありません）。

結果、すでに数店経営している元気で力のある飲食店が手を挙げることになりました。この物件には複数の申込みがあったようですが、地元神奈川で実績がある中堅の串焼き居酒屋が借り手として選ばれることになりました。決め手は、開業した店を一軒も閉めていない、健全経営にあったようです。

＊成功のポイントは限られた予算をどこに集中させて使うか

４章でも書きましたが、居抜き物件での成功のポイントは、限られた予算をどこに集中して使うかにあります。

横浜駅から続く人通りの多いメイン動線から、70ｍほど横道に入った場所にあるこの物件は、そのメイン動線から右を遠く見通すと、建物の右端が２ｍほどの幅で３階部分まで見えてきます。

そこで店の外観は、この３階まで見えてくる右端に「何屋か」がひと目でわかる看板をつくることを一番に考えました。そして店に近づいて来た時に、さらに店に入ってみたいと思わせる魅力的な「顔」をつくることに重点を置きました。

店の外観全体が、「入ってみたいと思わせる看板でなければならない」という考え方の元にデザインされています。居酒屋は当然、夜の店ですから、ライトアップされた時にどう魅力的に見せられるかが重要になります。

外観の見せ方ですが、外壁部のレイアウトは前の店のまま、外観の見せ方や材料、ライトアップ照明などに工事予算の大きな割合を集中して使いました。

内装も、厨房と客席の関係はそのままに、2階、3階に設置されていた防火ドアなどの設備もすべて残しました。客席部分の床や壁は新しくしていますが、店のつくりそのものはほとんどいじりませんでした。

この店の場合は、店の外観および内装のレイアウトはそのままにして、その見せ方、デザイン演出を新しく変えることに集中してお金を使ったのです。

＊2階、3階までお客さんに足を運んでもらう工夫

駅から近いとはいえ、店の前を多くの人が通るわけではない場所で、毎日100人以上のお客さんを呼ぼうとすると、これは大変なことです。

特に、3階までわざわざ階段を上っていただくお客さんを呼ぶのは至難の業です。

1階はワイワイガヤガヤ狭い空間で、炭で焼く串焼きの煙を見ながら酒を楽しむ大衆居酒屋で、2階は掘りごたつ席の落ち着く和風空間、3階はちょっとお洒落で「洋」な個室空間といったように、各階ごとに違った使い方で、違った雰囲気で楽しめるようにしています。

木造のレトロな外観ともあいまって、開店から間もないのにすでに老舗の雰囲気を漂わせているこの店は、鶴屋町の人気店のひとつになっています。

炭屋串兵衛 鶴屋町
（神奈川県横浜市）

（居抜き開業）／36坪・100席 ■神奈川県横浜市神奈川区鶴屋町2-15-25（JR横浜駅2分）■050-5572-0496■営業時間：17：00～24：00（L.O.23：00）■年中無休

6章

飲食店繁盛の極意
個人店なら、ずっと来てもらえる店にしよう！

01

極意その① 「また行きたい」店が繁盛店

この章では、居抜き開業に限定しないで、総論として繁盛店づくりのことを述べていきます。飲食店を開業する皆さんにとって必ず参考になる内容と思います。

「どうやったらお客さんが来てくれるか」より、「どうやったらお客さんが**また来てくれるか**」を考えることが、繁盛の極意です。

お客さんに、いかに店での時間や空間に満足してもらい、**「喜んで帰ってもらうか」**を考えるのです。店に来てくれたお客さんが、「この店にまた来たい」と思ってくれるかどうかで、繁盛店になるかどうかが決まるのです。

新規開店の時に1回だけ来てもらうことは、意外に簡単にできます。人間には好奇心があるので、新しくできた店なら、1回は中を覗いてみよう、食べてみようと考えるからです。

たとえば、通勤途中の昔から営業していた中国料理店が閉まり、次にラーメン店が開店したとします。そこで、「1回ぐらいは寄って食べてみよう」と思ったことは、あなたにもあるのではないでしょうか。

人通りのある道沿いであれば、店の工事中に開店の告知ポスターを貼っておくだけでも、1回は店に来てくれます。開店時に花輪を出したり、オープニング記念のディスカウントサービスをしたり、新聞折り込みやポスティングで開店のお知らせを入れたりと、1回来店するきっかけは非常につくりやすいのです。

しかし、店が長く繁盛していくために大切なのは、1回来てもらうことではなく、「また来てもらうこと」の連続をつくることです。

「また来てもらう」準備ができていないなら、開店しないほうがいい

商品、接客、店の雰囲気、居心地など、店を構成するあらゆる要素を見直してみて、「また来てもらう」準備ができていないなら、まだ開店しないほうがいいでしょう。

実際には、すでに家賃は発生しているし、人も雇っているし、1日でも早く開店したいと思うでしょうが、そこはぐっと我慢して、開店日をずらしてでも、「また行きたい店」にこだわります。

準備万端ではないが、どうしてもオープンしなければならない場合は、新規開店の告知をせずに「サイレントオープン」します。開店の花輪も出さず、そっと店を開くのです。お客さんが来なくなる理由の一番は「接客に問題あり」です。いきなりドッとお客さんが来て、不十分な対応によってお客さんに嫌な思いをさせて、悪い評判を広げる、となることを防ぐためです。お客さんの数が少なければ、スタッフが不慣れでも一定の接客ができます。

料理の準備が完璧でなければ、無理してフルメニューを出さなくてもかまいません。50品のメニューを出す計画だったのに、30品しか出せないこともあるでしょう。その場合は、「今日はオープンメニューで30品ですが、来月から50品に増えます。ぜひまたご来店ください」とお客さんに伝えて、次回の来店につなげます。

まとめ

開店後、1回だけならお客さんは来てくれる。しかし「また来てくれる店」にしなければ店は続かない。そのためにはまず接客が大事

02 極意その② 自分だったらどうしてほしいか? お客さんの立場になって考える

「また行きたい店」になることは、繁盛店にするための一番の極意です。では、また行きたい店にするにはどうしたらいいのでしょう。それは、**「自分がお客さんだったらどうしてほしいか」と考えることがスタート**です。

たとえば、あなたが会社から自宅まで帰るのに駅から10分ほど歩くとします。「残業で夕食をとれなくて、お腹が空いた。食事もしたいけど、ちょっと1杯だけ飲みたい」

そういう時に、「夜遅くまでやっている、ラーメン居酒屋のような店が帰りがけにあったらいいな」と、自分がお客さんの立場になって考えてみるのです。

料理に関しても、年配の方が多い街なら、「料理の量は少なくてもいいし、高級な素材でなくても上質なものを、値段をあまり高くせずにお出ししよう」。

居酒屋なら、日本酒1合ずつだと何種類も飲めないので、自分がお客だったら「半合で出してくれる店があったらいいな」。

店には新品のタオルをいつも準備しておいて、「雨が降った日に来店してくださったお客さんをサッとふいてあげられるようにしたい」。

急に雨が降ってきた時に、「100円のビニール傘でも渡されたら、自分がお客だったら嬉しいから、準備しておこう」……。

自分がお客さんの立場だったら、どうしてもらったら嬉しいか、といつも考えて、思いついたアイデアを、いつでも箇条書きでメモしておきましょう。そして、そのお客さんの立場になって考えた一つひとつのことが実行できたら、必ず繁盛する店になります。

対極にあるのが「店の都合」で

商業施設に出店する大手の飲食店は、投資したお金を2年で回収することを考えているそうです。今流行のショッピングモール内のフードコートは、1年で投資したお金を回収する計画の店や、有名店の中には6ヶ月で回収する店もあるそうです。

開店直後の1~2ヶ月間のフードコートには、オープン景気でその施設にワッとお客さんが来るので、その期間にいかに売るかが勝負になります。

オープン景気や話題に乗って大きな売上を上げて、投資を短期で回収することを考えているということです。

駅ナカのドーナツ店、ワッフル店、シュークリーム店などは、ブームをつくって極めて短い期間で投資を回収して、次の商売を考えていることが多いそうです。

もちろん、ビジネスですから売上や利益、そして投資したお金の回収を考えることは大事ですが、個人店の場合は長く利用してもらえる店にすることが繁盛の極意なので、店の都合が前面に出てくると、商売は長続きしません。

あくまで、お客さんの立場になって考えることがベースになります。

まとめ

個人店は「また行きたい店」として長く利用してもらうことが繁盛の極意。お客さんはあなたの店にどんなことを求めている?

03

極意その③

飲・食・店は「飲む店」と「食べる店」を分けて考える

「『飲み』が主体」の居酒屋やバーと、「『食べる』が主体」の食べ物屋さんを、分けて考えることが飲食店繁盛の極意です。

失敗している飲食店の多くは、〝飲〟の店と〝食〟の店をごっちゃにしていますが、**この2つはまったく別の商売**であると考えたほうがいいのです。

わかりやすく極端な説明をしますが、この2つの何が違うかというと、〝飲〟の店は、お酒を飲みに来る店なので、お客さんが求めているものは、突き詰めると**「楽しさ」**や**「『ホッとできる』などの雰囲気」**です。

一方、〝食〟の店にお客さんが求めているのは、**食べる物に対する「美味しさ」**です。

つまり、求められているものが、〝飲〟の店と〝食〟の店ではまったく違うのです。

もちろん〝飲〟の店が美味しくなくてもいいとか、〝食〟の店が楽しくなくていいということではありません。お客さんが求めているものの、優先順位の一番は何かということなのです。これを知って店づくりをしないと繁盛しません。

たとえば、ラーメン店は食べ物屋さんなので、ラーメンが美味しくなければ繁盛しません。美味しさが優先順位の一番なのです。

焼き鳥店で、お酒の売上ウエイトが40%を超えているなら、主体は飲み屋さんです。〝飲〟の店なので、この焼き鳥店は楽しくないといけません。「楽しさを演出する道具として、美味しい焼き鳥を食べてもらっている」と考えればいいのです。

とすると、**焼き鳥そのものの味はもちろん大事ですが、焼いているスタッフの姿とか、香ばしい煙とか、ジュージューという音とか、これらすべてを演出して楽しさを見せる**ことが重要になってくるのです。

自分の店が楽しさを売る店か、美味しさを売る店かを自覚する

そこでまず、自分の店が「飲むこと」が主体の店か、「食べること」が主体の店かを自覚することからはじまります。

喫茶店やカフェなども〝飲〟の店です。お客さんが一番求めているのは、「ホッとできる雰囲気」です。もちろん、コーヒーの味やケーキの美味しさも大事ですが、優先順位の1位ではありません。したがって喫茶店やカフェは、接客と雰囲気が繁盛す

るための大きなウエイトを占めることになります。

〝食〟の店は美味しさが重要です。日本語は本当によくできていて、美味しさというのは味だけではなく、読んで字のごとく、美しさも大事です。

料理を商品として捉えた時、見た目はどうか、盛りつけ方、ボリュームはどうか、器はどうか、色あい、ネーミング、パフォーマンスなど……多くの要素が複合したものが美味しさなのです。

味のよさと、商品の美しさの両方を求められるのが、〝食〟の店です。

まとめ

飲む店は「楽しさ」が、
食べる店は「美味しさ」が、
お客さんの優先順位の一番

04

極意その④

モノからコトへ——人が外食する理由は「体験」にあり

コンビニエンスストアが淹れ立ての100円コーヒーを販売した影響で、コーヒーショップやファストフード店の客数が大きく減ったと言われていますが、私はこの話には違和感を覚えます。

淹れ立てのコーヒーを提供するようにはなりましたが、コンビニは雰囲気は提供していません。〝飲〟の店は、「雰囲気を楽しみに行くもの」という極意からすると、コンビニがいくらコーヒーを扱っても、外食店は大きくは影響されないはずなのに、実際にはコーヒーショップやファストフード店が大きく売上を落としています。

コーヒーショップやファストフード店の側に、「雰囲気を楽しめるという魅力が乏しかった」のだと思います。もちろん、100円という安さがお客さんを引きつけて、コンビニの便利さを求める「ついで客」の需要を取り込んだのだとは思いますが。

5章で、「べんり店」を「毎日でもふらっと寄れる敷居の低い店」と書きましたが、

「べんり店」であろうが「わざわざ店」であろうが、店は多くの競合店の中からお客さんに選ばれていています。「べんり店」には「べんり店」なりの、魅力的な雰囲気を体験できる店になっていないと生き残っていけません。

コンビニコーヒーによって、ドトールやマクドナルドは大きな影響を受けましたが、スターバックスにはそれほど影響がなかったのは、提供する雰囲気や体験の差が出たのだろうと思います。

雰囲気や体験を求めてお客さんが動いていく〝飲〟の店では、商品の味や安さだけでは、ほかの業種の店にとって代わられてしまうのだと思います。

雰囲気・体験を求めて外食を利用している

お客さんが外食に求めているのは雰囲気・体験であって、その**雰囲気・体験を提供できる店でないと、繁盛しません**。商品そのものにプラスして、雰囲気・体験を求める外食行動を「モノからコトへ」と言っています。

もちろん、商品そのものに魅力がないとダメですが、これにプラスして、そこで起きる体験がお客さんにとって魅力的でないと、繁盛が長く続かないのです。

店のオーナーとスタッフが、お客さんにどれだけ魅力的な体験をさせられるかがポイントです。接客が楽しめる店なのか、舞台となる店の雰囲気が楽しめるのか、この2つが、これからの外食店が繁盛するために欠かせない要素です。

何か大がかりなことが必要だと言っているわけではありません。一杯一杯しっかりと真剣な表情でコーヒーマシーンでコーヒーを入れてくれる店員さん、一所懸命、刺身を切っている調理スタッフ、元気いっぱいに挨拶する居酒屋のアルバイト、そういった飲食店として当たり前のこと一つひとつが、お客さんにとって魅力的な体験になるのです。

外食店は、その店ならではの魅力的な体験が伴っていないと、コンビニエンスストアのコーヒーのように、ほかの業種にとって代わられてしまうかもしれません。

まとめ

お客さんは「店での魅力的な体験」を求めて外食する。家にはない雰囲気や人との接触、会話にお金を払っている

05

極意その⑤

人づくりの前に、まずは自分づくり

飲食店のオーナーに「繁盛するために、一番大事なことは何だと思いますか?」と尋ねると、多くの方が「大事なのは人(スタッフ)ですね」と答えます。

私も飲食店が繁盛するには、人が一番大事だと思います。お客さんと接するスタッフしだいで、店が繁盛したりしなかったりします。

しかし、スタッフのことを問題にする前に、「経営者自身はどうなのか?」ということがいつも気になります。

自分が働く店の経営者(店長)を見て、スタッフはやる気になったり、やる気をなくしたりします。人づくりをする前に、自分づくりをする必要があるのです。

もちろん、どの店もスタッフ教育をしているわけですが、個人店では大手企業のように教育プログラムをつくって、研修期間を1ヶ月取ることなどは不可能です。

2~3日で店主や先輩が「作業=やり方」を教えて、即現場でお客さんと相対する。

そんなことが珍しくありません。

「やりながら覚えてもらう」と言うと聞こえはいいのですが、まだ教え切れていない、できない段階でぶっつけ本番でお客さんの前に立たせて、失敗したりお客さんに嫌な思いをさせたりしているのが本当のところだと思います。

あなたのやる気やがんばり、魅力を見せていく

飲食業界は近年の人手不足で大変なことになっています。ましてや個人店であればさらに人が取りづらく、慢性的な人不足で教育どころではないのが実情です。

給与や待遇も、正直、大手並というわけにはいきません。安い給与で、待遇も特別よくもないとなると、個人店にはさらに人が集まりにくくなります。

では、個人店はどうしたらいいのかと言うと、あなた自身ががんばるしかありません。個人店だからこそ、社長のあなたとスタッフが直接ふれあうことが多いはずですから。

スタッフから見て、「こんな人になりたい」とか、「格好いいな!」と思われるような魅力的な人間になることです。「社長の夢が魅力的だから、ついて行こう」と思われるような人間です。一途な人間です。

あなたに「スーパーマンになれ」と言っているわけではありません。

あなたの得意なことと、そうでないことがあると思います。無理をして何でもできる人になれと言っているわけではありません。

自分の店ですから、経営者が最も真剣に店のことに取り組んでいるはずです。その、一所懸命さやがんばっている姿が、格好いいのです。「あんな人になりたい」と思わせるのです。

古くからの言葉ですが、「子は親の背中を見て育つ」のです。あなたのやる気やがんばり、魅力を見せていくしかありません。スタッフ教育の前に、自分教育が必要です。人づくりの前に自分づくりが必要なのです。

まとめ

飲食店の繁盛は人で決まる。オーナー自身が仕事に真剣に取り組む、一所懸命な姿こそが最高のスタッフ教育になる

06

極意その⑥

何が売り物なのか、ハッキリとわかる店にする

お客さんの側からすると、その店に行く理由「来店動機」が必ずあります。「近くて便利だから」という立地的な理由もあるでしょう。商品の場合なら、「美味しい中国料理が食べたい」とか、「本場の味の小龍包が食べたい」といった理由もあるでしょう。あの店に行くと「手頃な値段で手づくりの家庭料理のような温かいメニューが味わえる」と、商品の魅力と安さが複合している場合もあると思います。

商品以外でも、「あのオーナー、親父(女将)さんに会いたい」というのが行く理由の店もあるかもしれません。

このように、お客さんがその店に行きたくなる理由はさまざまですが、「あなたの店独自の売り物」をはっきりとつくっておくと、お客さんが選ぶ理由になりやすいのです。

なぜ「店独自の売り物」が必要なのかと言うと、飲食店の数が多すぎてオーバース

トア状態になっているからです。

私が、最寄り駅から歩いて自宅まで帰る間に、10軒のラーメン店があります。豚骨ラーメンの店、味噌ラーメンの店、いろいろなスープバリエーションがある店、あっさり系の店、こってり系の店、あるいはその両方を出す店など、さまざまなスープの種類や特徴のラーメン店があります。

他にも、いつもオリジナルな限定ラーメンを出している店や、漫画を100冊近く置いている店など、スープの種類だけでなく売り方のスタイルが違うラーメン店もあります。

私は10軒の店を、その時々で利用していますが、判断基準は「このラーメン店の売り物はなんだろう?」ということです。

こんなにラーメン店が並んでいると、どこに行こうか迷います。その時に「うちの店は、濃厚でこってりした醤油豚骨ラーメンの専門店です」とか、「うちは、ありとあらゆるラーメンの種類が揃っていて、好きなタイプのラーメンが選べる店です」と、店の売りがハッキリわかる店のほうが選ばれやすいということです。

他の店にはない名物料理や売り物を持つこと

お客さんは、飲食店を決める時に、店の売り物がハッキリしている店ほど、選びやすいのです。

店が選ばれる理由は、お酒を飲む店なら、「少し暗めの照明の中、リラックスできる空間があって、美味しいワインが飲める」からかもしれません。居酒屋なら「炭火で焼いた美味しい焼き鳥が食べられて、元気いっぱいの接客をしている」からかもしれません。しかし、そこに何かの特徴が必要です。

「あなたの店、売り物が何なのか」を明確にするということは、「お客さんが、あなたの店に行く理由」をつくることに等しいのです。あなたの店だけでしか手に入らない何か（売り）が必要です。

まとめ

お客さんが店に行くのは、「売り物がハッキリしている」という理由があるから。
あなたの店でしか手に入らない「売り物」は何か?

07

極意その⑦

挨拶、掃除、整理整頓――凡事徹底する

「凡事徹底」とは、居酒屋「つぼ八」の創業者、石井誠二さんが言っていた言葉です。私は、この「凡事」を「当たり前のこと」と訳し、当たり前のこととは「挨拶、掃除、整理整頓」だと捉えています。

凡事徹底すると繁盛店になれるのです。当たり前のことさえやれれば、飲食店は繁盛店になれるのです。逆に言うと、当たり前のことがいかにできていないかということです。挨拶、掃除、整理整頓という基本的なことが徹底されている店が少ない、ということなのです。

笑顔で元気いっぱいの挨拶を、しっかりと相手の目を見てします。当たり前のことですよね。

とても気持ちのいい挨拶だけでも売り物になります。ある居酒屋では、アルバイトさんが営業時間の途中で帰る際に、全スタッフに挨拶していました。

「お先に失礼します！」とスタッフ全員にきちんと挨拶して帰る姿は、とてもいい感じなのです。同僚への挨拶なので、小さい声でぼそぼそと言って、そっと帰って行く店もありますが、キビキビと挨拶して帰る店というのは、飲んでいるお客さんも気分がいいものです。

繁盛店にはいくつか共通点があり、どの店も厨房のフードや機材がきれいで、整理整頓されています。

たまに、すごく話題になっている店なのに、掃除や整理整頓ができていない店もありますが、私はそういう店は信用しません。マスコミで取り上げられて、ある期間はお客が絶えないかもしれません。しかしそれは一過性のもので、長く続く繁盛店ではありません。

凡事徹底は長く繁盛する店の鉄則

実際に店を営業してみるとわかりますが、毎日、店で使ったすべてのものをきれいに整えるという単純なことの繰り返しを、気持ちを落とさずに続けられる能力がないと、飲食店の成功はありません。単純なことも、長く続けるのはむずかしいことです。

整理整頓は、攻めの姿勢の現われです。整理整頓されているからこそ、必要な食材

や道具が短時間ですぐ取り出せるのです。

だからこそスピーディーに料理やドリンクが提供でき、質の高いサービスも提供できます。労働時間が短縮できて、経費も削減できます。だから、凡事徹底する店は繁盛しているのです。

バックヤードが整理整頓されて、書類やタイムカードや食材・消耗品の在庫などがわかりやすく置かれている店は必ず繁盛しています。「バックヤードは清潔ではないが、お客さんから見える店内は清潔」なんていう店はありません。

バックヤードがだらしない店は、経営もだらしないのです。

まとめ

いい挨拶をしている店は気持ちのいい店。

掃除・整理整頓ができている店はサービスの質の高い店。

繁盛店のコツは凡事徹底

08

極意その⑧

長く繁盛する店にするには毎日の積み重ねがものを言う

長い間、多くの飲食店を見てきてつくづく思うのは、「繁盛店づくりにウルトラCはない」ということです。

短い期間だけ繁盛するだけでいいならウルトラCがあるかもしれませんが、長く繁盛し続けるためには、そんな必殺技はないのです。

仮に、大ヒットする商品やサービスがあったとしても、それはすぐに他の店にマネされます。たとえば、珍しい具材を使った美味しい焼きそばを考えて、一時はワッと売れたとしても、2～3ヶ月すると同じような商品をどこの店でも出しているということが珍しくありません。

奇抜な商品やサービスも、話題になりヒットすればするほど真似されます。それが飲食業界の現実です。

つまり、短期的には多くの人に支持されてヒット商品になっても、それが長く続くことはむずかしいのです。

小さな違いの積み重ねが、大きな違いを生む

本当は、「どうしてあの店が繁盛しているかわからない」という店のほうが強いのです。

そういう店は、ちょっと見たぐらいでは気がつかないほど小さなプラスのこと、ちょっとした心遣いを長い間をかけて、いくつも積み重ねています。それが長い時間の経過をへて、何もやらなかった店とは大きな差になって表われてくるのです。

他店が表面上だけ真似しようとしても、すぐには真似できない繁盛の極意が時間を掛けてでき上がっているのです。

「あの店のスタッフはみんな明るくて元気だよね」と言われる店がありますが、その店は、明るく元気な子だけを雇っているわけではないのです。その店に入ったから明るく元気な子になったのです。

そういう店は、「挨拶は元気にしようね」とか、「笑顔で行こうぜ」とか、スタッフがしっかり挨拶や笑顔ができるように、毎日朝礼などの時間に練習を続けているのです。

また、毎年欠かさず全員で社員旅行に行ったり、年に何回かボーリング大会やバーベキュー大会を開いたりして、スタッフの親交を深めています。そしてそのイベントを、長い間続けているのです。

そういう店の努力の中から、スタッフの明るさ、元気さが生み出されてくるのです。アルバイトスタッフは比較的短期間で辞めていくことが多いのですが、その明るさ、元気さは新人スタッフにも受け継がれ、**その店の風土というか、店の雰囲気として揺るぎないものになっている**のです。

長期にわたる、地道な小さな毎日の積み重ねが、結果として目に見える大きな店の豊かさと強さを生んでいるのです。

まとめ

店が長く繁盛する極意に拙速はない。大ヒットもすぐに真似されて消えてしまう世界では、地道な積み重ねがやがてものを言う

09

極意その⑨

繁盛店の方程式は「商品力×雰囲気×接客×割安感」

繁盛店の方程式は、「商品力×雰囲気×接客×割安感」の点数をいかに高くするかということです。

点数が高い店ほど、「また行きたい店」です。

「商品力」とは味そのものだけではなく、見た目、色のバランス、ボリュームも加わります。驚くほどの大盛りが、商品としての魅力になっているかもしれません。

ネーミングも商品力の一部です。「世界最強サーロイン」と名づけて、大ヒットした焼肉屋がありましたが、〝世界最強〟と書いてあると、思わず頼んでみたくもなるでしょう。あるいは、「築地市場直送!」と書いてあれば新鮮さや上質感を感じさせます。効果的なキャッチフレーズも、商品を際立たせるという意味で商品力に含まれます。また、料理を使ったパフォーマンスも商品力のひとつです。「餡かけ焼きそば」を名物にして、テーブルに置いた焼きそばに餡をスタッフがかけて、パチパチと音がするシズル感も商品力です。

繁盛店の方程式で言う「雰囲気」とは、店全体を流れる空気感のことです。繁盛している外食店やテイクアウトの店を考えると、その店の雰囲気の中で食べる、買うから魅力を感じるのです。お金をかければ空気感を出せるというものではありません。

たとえば、居抜き物件の古びた内装を活かしてバラックのような雰囲気にして「湘南の海辺のような店で食べるシラス丼だからおいしい」とか、「香港の下町の餃子店にありそうな雰囲気だから、あそこで買いたい」とか、さまざまな雰囲気のつくり方があるのです。

言い換えると、非日常感や異空間というのが雰囲気づくりのポイントかもしれません。普段生活している場所や時間と違う味わいがお客さんにとって魅力に映ることもあるでしょう。

昭和30年代の雰囲気の店はその典型で、映画の『三丁目の夕日』のような雰囲気の店で酒を飲みたいと思うのは、普段の生活とその店に流れている時間が違うからです。また、香港の路地裏にありそうな店というのは、普段の生活と空間が違うのです。

このように、非日常感や異空間の演出というのは繁盛のポイントになります。

「接客」も、もちろん大事です。

どんなに美味しい料理をどんなにいい雰囲気の中で出されても、ぶっきらぼうに「ドン!」とテーブルに置かれ、皿から料理がこぼれたりしたら、お客さんはムッとして「もうこんな店には絶対に来ない」と思うわけです。

飲食店、特に酒を扱う店は、接客のウエイトが高くなります。味も雰囲気もたいしたことはないけれど、「あのスタッフの笑顔がいいから行こうかな」ということもあるのです。接客する人しだいで繁盛するかどうかの分かれ道があるのです。

商品力、雰囲気、接客を体験して、そしてお客さんがお金を払う時に「割安感」を感じるかどうかが最終的な問題です。

会計の時、財布から出すお金が1000円の時も5000円の時もありますが、商品力と雰囲気と接客を体験した結果として、「5000円で安いな」と感じることも、「1000円は高いな」と思うこともあるでしょう。いずれにしても、繁盛店にするためには、**絶対に割安感を感じてもらわなくてはならない**のです。なぜなら、割安感は満足感の元だからです。満足してもらい、次の来店につなげるためには、割安感が絶対に必要なのです。

繁盛している大手チェーンの居酒屋は、割安感があるからお客さんが来るのです。

繁盛店の方程式

4つのキーワードからみた評価を5段階で採点する。
その点数を掛け算した合計が高いほど繁盛店。

商品力	×	雰囲気	×	接客力	×	割安感	＝	また来たい！
味・おいしさ、強い定番／見ため、ボリューム／バランス、目玉商品はあるか。五感を喜ばせてくれる（匂い・彩り・歯ごたえ味・調理の音）独創性のある商品、ネーミング、産地表示など		かもし出す空気感／清潔感がベース／異空間・非日常感／演出・テーマ性／内外装、照明、音／すべての物（スタッフや客がつくる）		相手の立場になって考える／明るい、元気、和む／心配り・気がきく／スタッフに目的意識がある。リーダーシップ		前の3項目と支払う金額とのバランスから決まってくる。／店にいる時、精算の時「得」した気持ちになるかどうか		

他の項目が満点の「5」でも、ひとつでも「0」があると、トータルは0になる

$$5 \times 5 \times 0 \times 5 = 0$$

まずめざす5段階評価は

$$3 \times 5 \times 3 \times 3 = 135$$

- ひとつのキーワードだけでも、満点の「5」があると繁盛店になる
- その、ひとつだけ「5」の部分を、個性とか特長と呼ぶ
- 個性や特長があなたの店を選ばせる理由になり、わざわざお客様が来てくれる理由となる
- 「5」以外のキーワードが、点数が低くても「3」の「ふつう」になっていることが必要
- 「オール5」をめざすと、高級店になる。カジュアル化の時代には狙う必要がないし、むずかしい個人店・小規模事業者がめざす目標ではない

「あの雰囲気、あの接客、あの商品で、2人で飲んで食べて5000円でおつりがきた。そしてこの値段なら、割安感がある」と思うから、また行くわけです。一つひとつの料理や接客などはたいしたことがないかもしれませんが、お金を支払う時に「安かった」と思ってもらわなければ次につながりません。

最近、ラーメン店や牛丼店で軽くお酒を飲む「ちょい飲み」が増えました。食事も含めて1500円ほどで納まると考えると、また行こうと思うわけです。「駅前で立地がいいからついでに寄った」という使い勝手のよさも含めて、また行きたい店になっているかもしれません。

商品力、雰囲気、接客、割安感の4項目の掛け算と、立地との関係性で、繁盛店になれるかどうかが決まってくるのです。

まとめ

味も雰囲気も接客も含めて、最終的には満足感の割に「この店は安かった」と思ってもらえることで再来店してくれる

居抜き開業事例 07

そば屋⬇ラーメン屋

行列店を捨て、都心激戦区への出店

「らーめん よし丸」（東京・高田馬場）…ラーメン屋

「居抜き開業　繁盛の工夫」

①自分の店が繁盛しそうな街（駅やエリア）を決め、集中して探した
②不動産会社だけでなく、プロデュース会社にも物件探しを手伝ってもらった
③借りる条件であった「（ほとんどスペースのない）屋上で排気すること」を、1階からの押し出し式排気にして対応した

＊どうしてもラーメン激戦区で勝負してみたい

埼玉県の鶴ヶ島で行列ができる繁盛ラーメン店を営んでいた方が、満を持して東京の代表的なラーメン激戦区、高田馬場に出店したのが「らーめん よし丸」です。

埼玉県の鶴ヶ島の店は、駅からバスで10分ほど掛かる、公営団地の一角にありました。わざわざ「よし丸」のラーメンを求めて、遠方から見えるお客さんも珍しくない

有名店で、情報雑誌のラーメンランキングでも上位にランクされる実力のある店でした。

「このまま、この場所で店を続けていくことはできる。でも、自分のラーメンが東京のど真ん中でも通用するのかどうか勝負してみたい」という思いが、オーナーの気持ちの中にずっと消えずにあったそうです。

そんな思いから移転しようかどうか迷っているところに、自分の店に来たお客さんが駐車違反しているところの写真つきで、手紙が送られてきました。駐車場が数台分しかない店だったので、繁盛すればするほど、違法駐車をする車が後を絶たなかったそうで、その出来事がきっかけになり、長年の夢だった〝東京のラーメン激戦区への出店〟を決意したそうです。

「らーめん よし丸」の売りは、自家製麺のモチモチずっしりとした自慢の麺と、その麺に負けないしっかりとした濃度の完全無化調（化学調味料不使用）のスープです。

豚骨スープと魚節のスープを1：1で割った、「よし丸ラーメン」が一番人気。完全無化調のスープらしく、食べた後の胃のもたれがほとんどないのはさすがです。

＊物件を探しながら歩いていたら、テナント募集の貼り紙を見つけた

この物件は、私が東京・新宿区の高田馬場を歩いていて見つけました。店のオーナーとは、ラーメン激戦区に移転して開業したいとの意向を受けて、事前に開業をプロデュースする契約をしていました。プロデュース契約してから3ヶ月後に高田馬場の、元そば店のこの物件が出てきたのです。

オーナーは、都内のラーメン激戦区、池袋・高田馬場・新宿・新橋エリアを中心に物件を探し、居抜き専門会社や不動産会社から紹介された数十軒の居抜き物件を見に行っていました。なかなか「これは！」という物件に出会えませんでしたが、この高田馬場の物件は一発で気に入ってもらえました。

実際、私が歩いていて見つけた物件で開業された方は何人かいらっしゃいます。「このインターネットが普及したデジタルの時代に、街を歩いて自分の足で探すなんて」と思う方もいらっしゃるかもしれませんが、物件探しの世界はまだまだアナログな出来事があるのです。

後から聞いたところでは、この元そば店の居抜き物件は、近くの不動産会社がテナント募集のポスターを30分ほど前に貼ったばかりでした。募集ポスターに書いてあった申込み先の不動産会社がすぐそばだったので、そのまま足を運んで担当者と話をしました。

「たった今、テナント募集のポスターを貼ったところですよ」とのことで、「早いですね！」と驚かれるタイミングでした。

当然、申込み一番です。まさに私たちのためにタイミングよく出てきてくれた好物件でした。オーナーに物件を見に来てくれるようにすぐに電話を掛けて、翌朝、鶴ヶ島から出てきてもらったところ、すぐに気に入って不動産会社に正式に申し込みました。

＊飲食店の上は住居、屋上までダクトを上げる工事が必要になる

元そば店のこの物件は、店の裏側に直接排気していました。そば屋さんだったので、臭いがしても鰹節の香りなので近隣からも何も言われなかったのだと思います。都心では、1階、2階が飲食店でも、その上は事務所だったり住居だったりすることが多く、1階の店から、ラーメン店のように豚の骨を炊き込んだ臭いがすると、必ずクレームになります。大家さんからの条件というより、こちらから屋上までダクトを上げる工事が必要になることを伝え、契約書にその旨も入れてもらいました。

ダクトを屋上まで上げるには、屋上に排気を吹き出すモーターのスペースが必要ですし、2階から屋上までの外壁に、ダクトをとめるためにビスを打ち込まなければならないので、必ず事前に大家さん確認が必要です。

今回は、屋上に排気のためのモーターを設置するスペースがなかったので、1階の厨房天井内にモーターを取りつけて換気扇を回し、屋上まで押し上げて排気することにしました。厨房の天井とはいえ、1階の店内でモーターを回すわけですから、それなりの音はしますが、BGMを流せばそれほど気になる音量でもなく、無事収まりました。

高田馬場は、働く人や学校に通う人、住む人に対しての、ラーメン店の数が圧倒的に多い、まさに激戦区です。「よし丸」ができてから数年の間にも、近辺のラーメン店がいくつも撤退し居抜き物件となりました。そして、その場所がまた新しいラーメン店に替わることを繰り返しています。

自ら激戦区を選んだ「よし丸」の厳しい戦いはまだまだ続きます。

らーめん よし丸／ラーメン屋
（東京・高田馬場）

（居抜き開業）／14坪・14席 ■東京都新宿区高田馬場1-17-17 新坂ビル1F（JR高田馬場駅3分、東京メトロ東西線高田馬場駅30秒）■03-5285-1520 ■営業時間：11:00～23:00（スープがなくなり次第終了。L.O.22：30）■年中無休

付録

居抜き物件を取り扱う会社に、本音で聞いてみた

居抜き不動産会社と上手につき合う方法

開業をする時に避けて通れないのが、
居抜き物件を取り扱う不動産会社や、
インターネット上に溢れる居抜き物件専門の情報会社などです。
繁盛の鉄則は「相手の立場になって考える」ことと
書きましたが、居抜き物件を供給する側（相手）は、
どんなことを考えているのでしょうか？
飲食店専門の不動産賃貸の会社で、
特に居抜き物件の仲介に力を入れている
（株）ＡＢＣ店舗の土井恭一社長に、
仲介する側の本音を聞いてみました。

【答える人】

（株）ＡＢＣ店舗　代表取締役社長　土井恭一さん

ＡＢＣ店舗は、飲食店の開業や売却をお手伝いしている飲食店専門の不動産会社。設備を残したままの「居抜き物件」を数多く取り扱うことによって、コストを大幅に削減した飲食店の開業をサポートする。関東近郊の、東京 23 区、東京都下、神奈川県、千葉県、埼玉県の物件を取り扱っている。

Q1 居抜き物件とは、どんな物件のことを指しているのですか？

Q〈土屋〉　居抜き物件で開業することを〝居抜き開業〟と名づけたのですが、居抜き物件とは、不動産会社的にはどんな物件を指しているのですか？　スケルトン物件との違いはどんなことがあるのでしょうか？

A〈土井〉　一般的な不動産業界の認識では、内装設備が（ほぼ）そのまま残されているものを〝居抜き〟物件と呼びます。対して、内装や間仕切壁、設備等がまったくない、コンクリート打ち放しの状態のものを〝スケルトン〟物件と呼んでいます。

居抜き物件が多くなったのはここ数年のことなのですが、賃貸物件の仲介をメインとする不動産会社側からすると、今までは仲介手数料だけが収益源だったのですが、造作の譲渡を仲介することにより、新たな収益源ができてきた。このことから、居抜き物件が飲食店の開業の主流になったのだと思います。

解説

驚くべき情報です。私は、てっきり「居抜き開業」が増えたのは、開業する人にメリットがあるからだとばかり思っていました。

見方を変えて、店舗専門の不動産会社側からすると、仲介だけではなかなかビジネスとして成り立たなくなったところに、**「居抜き物件の取り扱い」という新しい収益源が登場した**ということです。

つまり、開業者サイドより、不動産会社サイドのほうが、居抜き物件を取り扱えることで〝居抜き開業〟を積極的に推し進めたと言えるのかもしれません。

そして、さらなるビジネスモデルとして、居抜き店舗を不動産会社が丸ごと借りて、店の内装を直して飲食店開業希望者へ又貸しする（つまり、開業者からみると不動産会社が大家になる）、店舗リースをからめた不動産会社の新システムなど、新商品が続々と生まれてきているのです。

Q2 「居抜き物件」を探す時に一般の不動産会社と、インターネット居抜き物件専門情報会社の違いはなんですか？

Q〈土屋〉　飲食店専門の不動産会社であるABC店舗としては、インターネット上の居抜き物件の専門情報会社のことをどう見ているのでしょうか？　一般的な不動産会社とはどんな違いがあるのでしょうか？

A〈土井〉　一般的な不動産会社という定義は曖昧ですが、不動産会社には地域に根ざした地場の不動産会社、中堅の不動産会社、大手不動産会社の3つがあります。

インターネット上の居抜き物件の専門情報会社は、従来の不動産会社とは異なる業界の方が起業されたケースが多いと思います。

異業種からの参入が多かったのは、もちろんこの「居抜き」にビジネスとしての魅力があったからです。今後伸びそうなニッチな市場であったこと、手数料収入が多く取得できることなどが主な理由だと思います。

解説

居抜き物件の取り扱いを新しいビジネスとして捉えると、不動産会社からすると手数料収入の多い、宝の山が身近にあったようなものだったのだと思います。

ただ、その宝の山は、既存の不動産会社が独占できるものではなかったのです。居抜き物件の取り扱いには資格や免許がいらなかったからです。異業種の企業はもちろん、個人でも、居抜き物件の取り扱いができ、手数料収入を得ることが可能なのです。

このことが急激に普及してきたインターネットと結びつき、魅力ある新規ビジネスとして、インターネット居抜き物件専門情報会社の急増を生み出しました。

先ほど、「不動産会社からすると宝の山」と書きましたが、新しいビジネスとしての居抜き物件の取り扱いは、既存の不動産会社から見ると今までの不動産仲介業務とは違った流れになります。（60ページ参照）。

長年やり慣れたやり方（流れ）を変えたくないと考える不動産会社は、居抜き物件の取り扱いを積極的にはビジネスとして取り入れませんでした。

そのことが理由で、従来の賃貸の仲介を主な業務にする不動産会社と、インターネットを駆使して、居抜き物件の手数料収入を主な収益源にするインターネット居抜き物件専門情報会社に分かれてきたのだと思います。

Q3

居抜き物件ならではの、上手な探し方はありますか？

Q〔土屋〕　もちろんABC店舗に頼むのが一番なんでしょうが（笑）、新築物件やスケンルトン物件と違った、居抜き物件ならではの上手な探し方ってありますか？具体的に「居抜き物件」を探す時に、どんな不動産会社やインターネットの居抜き物件の情報会社を選んで、どんな探し方をしたらいいのですか？　ポイントを教えてください。

A〔土井〕　情報を少しでも広く取得することが大切です。希望地域の地場の不動産会社は、ネットに公開前の情報を抱えているケースも多く、見逃せません。

インターネット上の居抜き物件の情報会社にも、広くアプローチする必要があります。

物件を探す方は、皆さんダントツで〝地域〟から探すことが多いのですが、契約されたお客様の理由は〝立地〟がよかったからに変わっています。つまり、最初は出店地域にこだわっていても、実際には別の地域で決めた方が多いということです。このことからも、なるべく地域は広く探したほうがいいと言えます。

解説

「ほとんどの人が最初は〝地域〟から探して、契約する時は〝立地〟が選んだ理由になる」という土井さんの話は、私も何度も体験しています。

私が開業プロデュースをする時には、「出店地域（駅）に徹底的にこだわる」物件探しをします。

まずは開業者自身が決めた駅・地域で探すのですが、探し出してから1ヶ月たち、2ヶ月たち、半年もたてば、出店地域（駅）にこだわり続けるのがむずかしくなり、別の場所も探しはじめます。そして、最初に探していた地域とは違った場所で開業する場合が多くあります。

でもそれは、妥協したのではなく、最初に希望したエリア以外の場所を見る（体験する）ことにより、新たな場所に魅力を見出した場合が多いのです。

最初に希望したエリアのどんなところに自分が引かれたのかがわかってきて、その後、同様の魅力を持つ場所を見つけて、決めている場合が多いのです。

出店場所に対しての意識が広がった結果と言えます。

Q4 居抜き物件ならではの、契約上の注意点を教えてください

Q〈土屋〉 居抜き物件を紹介された時や、居抜き物件に決めて契約する時の注意点を教えてください。

A〈土井〉 瑕疵担保責任《かしたんぽ》*がつかないで現状引き渡しになるため、トラブルが多く発生します。トラブルの多くは水回りの事故です。配水の詰まりなども見受けられます。特に致命的な事故は、厨房の防水が切れているケースです。多額な補修費用が発生します。理想を言えば、水まき調査を事前にするなどの対処ができればベストです。いずれにせよ、購入前に専門家に必ず確認してもらう必要があります。それと、エアコンや厨房機器などにリース物品があるかどうかは必ず確認が必要です。

※瑕疵担保責任＝売買の目的物件に瑕疵（その物が取引上普通に要求される品質が欠けていることなど、欠陥がある状態）があり、それが一般の人では簡単に発見できないような瑕疵（欠陥）があった場合に、売主が買主に対して負う責任のこと。

解説

事前に水まき調査をするのは、むずかしいと思います。厨房の防水層が切れていないか（水漏れしていないか）、厨房に水を張って数時間～1日後に確認するのですが、まだ借りるとも貸すとも決まっていない物件で、そこまでやらせてくれる大家さんは少ないからです。

特に、居抜き物件専門の情報会社を通して現店舗のオーナーと造作譲渡の交渉をしている場合には、大家さんは現店舗の造作が売りに出ていることを知らないこともあります。現店舗のオーナーも、大がかりな調査や検査は嫌がる場合がほとんどです。もし水まき調査ができるとすれば、造作譲渡契約の一歩手前のタイミングだと思います。つまり、「借りるかどうかの最終決定をするためにやりたい」となれば、水まき調査をやれる可能性は高くなると思います。

いずれにしても居抜き物件の場合は、瑕疵担保責任がない上、重要なチェック項目が多いので、必ず専門家に見てもらう必要があります。

私が居抜き物件をチェックする時も、より専門的な知識や経験が必要と判断した時には、その分野の専門家に立ち合ってもらっています。排水であれば水道工事屋さん、給排気であればダクト工事屋さんに来てもらって調べながら判断しています。

Q5

居抜き不動産会社と上手につき合う方法はありますか？

Q〈土屋〉　居抜き物件を取り扱う不動産会社や、居抜き物件専門の情報会社と上手につき合う方法（コツ）はありますか？

A〈土井〉　予算、条件を書面で渡すことと、需要と供給のバランスとしては需要が多いことからも、不動産会社の営業スタッフからのアプローチを待つことなく、自分から商品の問い合わせなどをする必要があります。

人気のある商品は申込みが重複するケースが多く、積極的にアプローチすることも必要です。また、申込み＝契約とは異なり、申込みから契約までの確率も50％を切るのが現状ですから、「これは」と思った物件と出会った際は、まず申込みをすることが必要です。申込み後は、契約までの日数が少ないことが多く、早急に市場調査をし、契約を進めるべきかどうか判断する必要があります。

「よい物件は足が速い」ので、迅速に動くことが求められます。

解説

東京23区を例にすると、30坪以内の飲食店物件の総数は約6万1000軒だそうです。このうち0・8〜1％（500〜600軒）が毎月閉店し、その一部が居抜き市場に出てくるのだそうです。（土井氏談）

居抜き物件を扱う側からすると、この限られた数の物件をめぐって、数多ある会社が造作譲渡手数料を得るために競い合っていることになります。

限られた供給量なのに居抜き物件を取り扱う会社が増え、「経営が大変な会社が増えて、淘汰が進んでいるのではないか」と土井さんは話してくれました。

給与歩合率の高い不動産業界では、営業マン同士で「この前はお前に譲ったから、今回は俺のお客さんに決めさせてくれ」といったことがあるようです。担当の営業マンに気に入られることも大事になります。

お金を払う側がお金を受け取る側に気を使うのですから、本末転倒と思われるかもしれませんが、需要が供給を上回っている現状では致し方ないと諦め、担当の営業マンや会社を味方につけることを考えたほうが得策です。

Q6 「こんな客にはなるな」というアドバイスはありますか？

Q〈土屋〉 居抜き物件を取り扱う不動産会社や、居抜き物件専門情報会社とつき合う時に「こんな客にはなるな」というアドバイスはありますか？

A〈土井〉 横柄なお客様は敬遠されます。

不動産会社に内見を依頼する前に、どんどん自分で物件を見てまわることも大切です。物件を数多く見ることにより、相場観を養うことができます。特に造作価格は現店舗オーナーの意向が反映されやすく、価格がまちまちですから、数を見ることで相場観を養っていきましょう。

解説

実は、居抜き物件の造作には相場がありません（くわしくは、2章「居抜き物件の価値を造作の新しさに惑わされてはいけない！」をお読みください）。

居抜き物件の造作に相場がないのは、その商品そのものの価値以外の、立地条件や現店舗の繁盛度合いなど、さまざまな理由で造作が値づけされているからです。

相場がないとなると、居抜き物件を数多く見て、現店舗オーナーの話に耳を傾け、担当営業にくわしく話を聞く以外に相場観を身につける方法がないのです。

相場のない居抜き物件だからこそ、担当の営業マンや会社といい関係になっていたほうが有利ということになります。

居抜き開業事例 08

居酒屋 ⬇ 焼肉屋

12坪の2階物件からはじまった焼肉屋チェーン

「炭火焼肉 トラジ本店」（東京・恵比寿）…焼き肉屋

「居抜き開業 繁盛の工夫」

①焼肉屋は鮮度が命。仕入れた肉は毎日スタッフと一緒に食べ切っていた
②出店場所は、魅力を感じる客層のいる、将来性のある街を選んだ
③駅から離れた路地裏の2階というわかりにくさを逆手にとって、秘密の場所に行く雰囲気で、目立ちすぎない洒落た看板だけをつけた

今では何十店舗もの店を展開する飲食チェーンでも、個人として最初にはじめた店は小さくて、立地条件でもハンディキャップを持った店がほとんどです。

なぜなら、最初から開業資金を有り余るほど持っている人などいませんから、家賃や保証金の高い場所には出店できず、駅から離れた地下や2階だったり、店の存在がわかりにくかったりする、ハンディキャップを持った場所で開業することが多いのです。

今では東京を中心に60数店舗を展開する〝焼肉トラジ〟も、1号店は東京のＪＲ恵比寿駅から歩いて5分ほどの、路地裏にある急な階段を上がったビルの2階でした。カウンター席と数台のテーブルだけの、12坪ほどの小さな物件からスタートしています。

今では、恵比寿駅周辺はお洒落なエリアとして人気がありますが、〝焼肉トラジ〟が店を開いた20年前は、駅前でも人はまばらで、「山手線の中では地味な駅」といった印象でした。

その駅からさらに5分も歩くと、本当に人通りが少なく、なおかつ路地裏のビル2階の立地では、店に強烈な〝行く理由〟がなければとても商売が成り立つ場所ではありませんでした。

しかし、「この恵比寿という街を歩く人、働く人たちのお洒落な雰囲気は魅力的でしたし、将来きっと賑やかな街になりそうな予感がした」そうです。

＊〝開店半額サービス〟でお客さんがドッと押し寄せてパニック状態に

〝焼肉トラジ〟開店の時、3日間の期間限定で〝開店記念全品半額サービス〟を実施しました。開店半額のビラを道を歩く人に配りまくり、近隣の事務所ビルやマンションにポスティングして回りました。

元々焼肉屋は、原価率が40％以上と高い商売です。ましてや開店早々で仕入れ先に対する価格交渉力も弱い時ですから、当然のことながら半額にすれば、売れば売るほど赤字なのは承知の上です。

それだけサービスしてもお客さんが来てくれるかどうか不安で、友人という友人に電話を掛けて、「店に来てくれ」と誘いました。奥さんの友だち数人にも、もしお客さんが来なかった時のために、店の近くでスタンバイしてもらっていたそうです。

独立開業の時は誰もが不安なものです。立地条件の悪い場所で開業するわけですから、お客さんが来なかった時のためにいろいろ準備するのは珍しいことではありません。

夜営業の居酒屋を開業した方が、念のためランチ営業の準備もしていて、思いの外に夜の集客ができて、看板に書いたランチ営業を1回もしなかったケース。

テイクアウト用のお弁当の準備をしていて、プラスチック容器を買い込んで山積みしていたが、1回も使わなかったケース。

さらには、お客さんが来なかったら出前をしようと〝おかもち〟を買い込んで用意していた焼鳥居酒屋もありました。

お客さんが来てくれれば笑い話になりますが、開業時はみんな必死で「お客さんが来なかった時のこと」を考えるものです。

＊1号店にはロマンがある

〝開店半額サービス〟の集客効果は絶大で、予想に反してお客さんがドッと押し寄せて、店はパニック状態になりました。「この時ばかりは家族総出で、妻はもちろんのこと、母と、普段はケンカばかりしていた2人の兄も駆けつけて手伝ってくれた」そうです。

〝開店記念全品半額サービス〟の3日間はごった返した〝焼肉トラジ〟ですが、半額サービスが終わった4日目からはぱったりと客足が途切れ、「苦難の1年間」がはじまりました。

家族総出で開店に備えたとはいえ、不慣れな段階で「お客さんがドッと押し寄せた」わけですから、おそらくお客さんを待たせたでしょうし、オーダー間違いなどもあり、お客さんに迷惑を掛けることが多々あったのだと思います。

開店時に打ち上げ花火のように、ドーンと派手な集客サービスを行なう店がありますが、個人店の独立開業の場合はお勧めできません。

〝焼肉トラジ〟のように、家族総出で手伝ってもらってもパニック状態になるわけですから、お客さんにまともな接客ができるわけがありません。一番の顧客候補である近隣のお客さんを集めて、マイナスの口コミの種を提供するようなものですから、花輪があって、開店に気づかれるくらいでちょうどいいと思います。

＊焼肉屋は新鮮さが命。そのために細心の注意を払う

当時の〝焼肉トラジ〟に必要な売上は月商２００万円だったそうです。原材料費などの仕入れのお金を支払い、家賃・水道光熱費・アルバイトたちの給料を払い、自分たち家族が生活するのに最低限必要なお金を賄うために、どうしても必要な売上でした。「無休なのは当たり前、深夜もお客さんが来てくれるなら何時までも開けている」といった感じだったそうです。

開店から1年がたった頃から、徐々にお客さんが増えて軌道に乗ったそうです。「よく『なぜ繁盛したのか？』と聞かれるのですが、何か特別なことをした記憶はありません。ただ焼肉屋は新鮮さが命だと思っていたので、鮮度には細心の注意を払っていました」と、〝焼肉トラジ〟の社長は話してくれます。焼肉屋繁盛の、核となる本質の捉え方がシンプルで的確です。

「今思えば、苦しかったであろう開店後の1年間も、飽きることなく楽しく働いていてい

たような気がします」

肉の鮮度を維持し劣化させないために、毎日、夜食はスタッフと一緒に店の肉を全部平らげる勢いで食べまくっていたそうです。「元気に働くエネルギー補給は焼肉で！」なんて言いながら食べまくっていたそうです。

話を聞けば聞くほど、明るく元気でエネルギッシュな社長です。「この人の店に行ってみたい」「この人と一緒に働いてみたい」といった、人を引きつける魅力に溢れています。このあたりに繁盛の秘密がありそうです。

トラジ本店／焼肉屋
（東京・恵比寿）

（居抜き開業）／10坪・22席　■東京都渋谷区恵比寿南2-2-6 2F（JR恵比寿駅西口から 徒歩5分、東京メトロ日比谷線5番出口　徒歩2分）■03-3719-7399 ■営業時間[月〜土] 17:00〜翌01:00（L.O.0:00）[日・祝] 17:00〜翌0:00（L.O.23:00）■無休

著者略歴

土屋 光正（つちや みつまさ）

飲食店プロデューサー、株式会社パシオ代表取締役

東京生まれ。大手スーパーマーケットのSP（販売促進）デザイナー・プランナーとしてSP広告代理店で活躍後、1984年、株式会社パシオを設立して独立。飲食店の開業・リニューアルプロデュース業務を開始。手掛けた飲食店は日本・アジアで600店を超える。「開業・リニューアル・経営改善」の相談に、全国から毎年50組を超える人が訪れる。
独自の視点からの繁盛店づくりに定評があり「繁盛の神様」と呼ばれ、テレビ出演、講演、執筆など多数。『行列のできるラーメン店づくり』（商業界）、『繁盛店をつくる！ 飲食店リニューアルの成功法則』『自己資金150万円から！ はじめよう小さな飲食店』（同文舘出版）など著書多数。
テンポス新宿センターにて、毎月第1日曜午後1時より「繁盛店のつくり方セミナー」の講師を務める。

相談・セミナーの詳しい内容は、ホームページをご覧ください。
http://www.pasio-ltd.co.jp

「居抜き開業」の成功法則
――150万円から繁盛飲食店をつくる！

平成27年9月8日　初版発行

著　者――土屋光正

発行者――中島治久

発行所――同文舘出版株式会社

東京都千代田区神田神保町1-41　〒101-0051
電話　営業03（3294）1801　編集03（3294）1802
振替00100-8-42935
http://www.dobunkan.co.jp/

ISBN978-4-495-53221-5
印刷／製本：三美印刷
Printed in Japan 2015